地方自治ジャーナルブックレット No.48

市民・自治体職員のための基本テキスト
政策財務と地方政府

加藤良重　著

公人の友社

はしがき

　自治体は、少子高齢、地方分権、経済情勢など社会経済構造のおおきな変化のなかで、財源の限界に直面しながら、福祉・環境・教育・まちづくりなど地域の人びとの生活に直結するおおくの政策課題をかかえている。

　自治体は、機関委任事務の廃止を中心とした2000年分権改革によって、国と対等・協力の関係にたち、自立した地方政府としての地位を明確にされたが、現実には、その後も自治体事務の法令による義務づけ・枠づけや税の配分、補助金、地方交付税などの税財政制度を通じて国から必要以上の統制をうけている。

　一方、自治体は、地域でくらす人びとの福祉の増進をはかることを基本として、地域における政治・行政を自主的・総合的に実施する役割をひろくになうため、限られた経営資源の最大限の有効活用により持続可能な経営体の構築にむけて改革努力をつづけているが、十分なものではない。

　自治体をめぐる環境は、今後さらにきびしさをますことになろうが、この時期に自治体は、一歩すすめて、みずからの力によって地方政府として国からの自立をはかっていかないと、持続可能な地域社会をつくっていくことができなくなる。このために、自治体は、地域の特性を反映させた自治体計画を基軸とし、権限および財源の裏づけとしての政策法務および政策財務を展開することが欠かせなくなってきている。

　ところが、自治体計画および政策法務については、これまでにもおおくの実践や研究がつみ重ねられてきているが、政策財務については、個別テーマについての実践や研究はあるものの、「政策財務」として、その意義や全体を論じているものは数すくない。政策財務といっても、特

別のことではなく、自治体政策の視点から、従来の自治体財務をとらえ直すことによって、その仕組み、手法、運用などの問題点を明確にし、改革への糸口をつかもうとするもので、きわめて実践的なものであると考えている。

筆者は、かつて財政が破綻に瀕した自治体の一職員として、その再建に取り組んだ経験をもっており、これが原点となって、自治体財務に関しても自治体職員研修の講師や著書・論文の執筆をしてきている。そこで、本書では、自治体財務の全体の仕組みと実際を理解するために必要と思われる基本的な事項をほぼ網羅して、その現状と問題点を指摘し、改革の方向・方法を提起している。本書が、「政策財務」の理解の一助となり、自治体財務に関心をもつ方々にいささかなりとも役立てば幸いである。

最後に、本書の出版にあたって、前著の「地方政府と政策法務」に引き続いて、内容の点検を芳須浩彰さん（元小金井市議会事務局長）に、図表の作成を浅見知明さん（立川市職員）に、それぞれご協力いただいた。また、公人の友社社長の武内英晴さんには、今回も快く出版を引き受けていただいた。また、感謝するだけである。

目次

はしがき ……………………………………………………………… 2

I 地方政府と財務の緊迫　8
1 政府としての自治体 ………………………………………… 8
(1)政府とは　(2)政府の存在意義　(3)政府の存在根拠
2 自治体の財務緊迫 …………………………………………… 11
(1)財政構造の硬直化　(2)膨大な借入金残高　(3)特別会計の赤字状況
(4)縮小する財源　(5)山積する政策課題
3 従来型財務と政策財務 ……………………………………… 15
(1)財政と財務　(2)予算と政策　(3)財務の範囲
(4)従来型財務の問題性　(5)政策財務への転換

II 予算の種類・原則・法規範性　22
1 予算の種類 …………………………………………………… 22
(1)会計区分による分類　(2)成立時期による分類　(3)本予算に対する分類
2 予算の原則 …………………………………………………… 23
(1)予算編成上の原則　(2)予算の議決・執行上の原則
3 予算の法規範性 ……………………………………………… 25
(1)予算の法的性格　(2)予算の法的拘束力

III 予算の編成内容　27
1 予算の内容・様式 …………………………………………… 27
(1)予算の内容　(2)予算の様式
2 歳入歳出予算 ………………………………………………… 29

(1)款項目節主義　(2)歳入予算　(3)歳出予算
　3　継続費と繰越明許費 ………………………………………… 40
　　(1)継続費　(2)繰越明許費
　4　債務負担行為と地方債 ……………………………………… 41
　　(1)債務負担行為　(2)地方債
　5　一時借入金と歳出予算の各項の経費の金額の流用 ………… 43
　　(1)一時借入金　(2)歳出予算の各項の経費の金額の流用

Ⅳ　予算編成と議決手続　　　　　　　　　　　　　　　　45
　1　長の予算編成権 ……………………………………………… 45
　　(1)予算編成の意義　(2)予算案と予算
　2　予算の編成過程 ……………………………………………… 46
　　(1)予算編成方針　(2)予算の要求　(3)予算の査定　(4)予算書の作成
　3　予算の議決手続 ……………………………………………… 47
　　(1)予算の提案　(2)予算の審議・議決　(3)再議

Ⅴ　政策選択と予算編成　　　　　　　　　　　　　　　　51
　1　政策選択とコスト縮減 ……………………………………… 51
　　(1)自治体の政策領域　(2)スクラップの徹底　(3)財源の確保
　2　予算編成手法の改革 ………………………………………… 66
　　(1)自治体計画との連動　(2)施策根拠の明示　(3)枠配分方式の導入
　　(4)事業別予算書の作成　(5)予算科目の名称変更

Ⅵ　予算の執行　　　　　　　　　　　　　　　　　　　　69
　1　公金の取扱い ………………………………………………… 69
　　(1)出納整理期間　(2)指定金融機関　(3)現金・有価証券の保管
　　(4)収入　(5)支出　(6)公金取扱いの改革

目次

 2　自治体の契約 ………………………………………………… 74
  (1)契約の性質　(2)契約の方法　(3)長期継続契約　(4)契約の履行の確保
  (5)入札・契約改革
 3　自治体の財産 ………………………………………………… 81
  (1)財産の種類　(2)公有財産の管理・処分　(3)資産管理の改革

Ⅶ　地方公営企業　　　　　　　　　　　　　　　　　　　　85

 1　地方公営企業部門 …………………………………………… 85
 2　地方公営企業の経営原則 …………………………………… 86
 3　料金と費用負担調整 ………………………………………… 86
 4　公営企業の改革 ……………………………………………… 86
  (1)民営化の推進　(2)経営情報の公開

Ⅷ　決算と財務統計　　　　　　　　　　　　　　　　　　　88

 1　決算の手続 …………………………………………………… 88
  (1)決算の調製　(2)決算の認定
 2　決算統計と財政指標 ………………………………………… 89
  (1)決算統計　(2)財政指標
 3　決算手法の改革 ……………………………………………… 96
  (1)決算情報の公開　(2)財務諸表の作成　(3)「その他の経費」の分析

Ⅸ　財務の監視・制御　　　　　　　　　　　　　　　　　　98

 1　内部制御 ……………………………………………………… 98
  (1)長の指揮監督　(2)会計管理者制度　(3)コンプライアンス体制
 2　外部制御 ……………………………………………………… 99
  (1)市民による制御　(2)議会による制御　(3)監査委員の監査
  (4)外部監査制度　(5)公正取引委員会の調査・改善措置要求
  (6)司法による制御

3 財務制御の必要条件 ……………………………………… 104
　(1)財務情報の公開　(2)原価計算と事業採算

X　自治体財務の再構築　　　　　　　　　　　　　　　107
1　長期財務計画と財務室 ……………………………………… 107
2　自治体財務法の整備 ………………………………………… 107
　(1)現行財務法令の問題性　(2)貧弱な財務条例　(3)自治体財務法の整備

索引　　　　　　　　　　　　　　　　　　　　　　　　　111

I　地方政府と財務の緊迫

1　政府としての自治体

(1)　政府とは

　政府とは、一般には行政権を行使する国の機構である行政府（内閣）をさしてよんでいるが、よりひろい意味では立法権および行政権を行使する機構（立法府および行政府）をそなえた組織のことである（最広義では、司法権を行使する機構である司法府もふくむ）。

　自治体は、日本国憲法94条により自治権すなわち自治立法権および自治行政権を保障され、その権限を行使する市民の代表機構である議会および長をそなえている。したがって、自治体は、中央政府である国から自立した地方政府として、国と独立・対等の関係のもとにおかれ、必要におうじて協力しあうことになる。画期的な2000年分権改革では、このことが明示された。

<日本の政府>

```
                 ┌─ 国会（選挙された議員で組織）─────┐
                 │                                    ├─ 一元代表制
        ┌─ 中央政府 ─┼─ 内閣（内閣総理大臣・国務大臣で組織）─┘  （国会内閣制）
        │        │
日本の  │        └─ 裁判所（裁判官で構成）
政　府 ─┤
        │        ┌─ 議会（選挙された議員で組織）─────┐
        └─ 地方政府 ─┤                                    ├─ 二元代表制
                 └─ 長（直接選挙）                       ┘  （大統領主義）
```

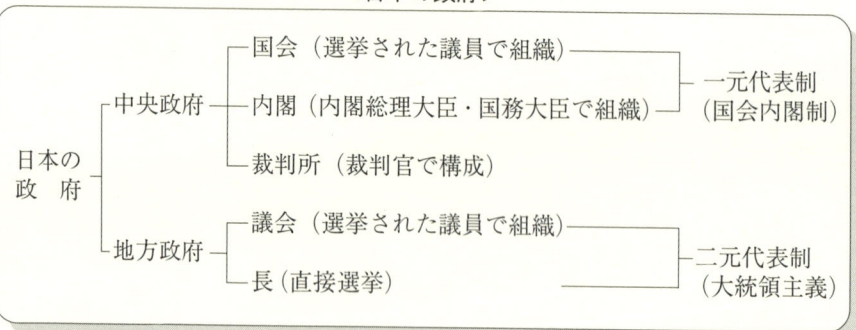

(2) 政府の存在意義

　政府としての自治体・国は、市民の生活にかかわる公共課題を解決するために存在する。

　公共課題は、個人・家族で解決できず社会的な取り組みによって解決すべき課題で、市民・ボランティア・隣人や団体・企業などの非政府主体によってになわれるもの（非政府課題）と、政府（自治体・国）によってになわれるもの（政府課題）とがある。地方・中央政府は、政府政策の立案、決定および実施を政治・行政というかたちでおこなっている。

　地方政府としての自治体は、地域における総合的かつ中核的な政策主体として市民福祉の増進をはかるために、地域における政策を自主的・総合的に実施する役割をひろくになっている。そのため、自治体は、国から自立した政府として、自己決定・自己責任のもとに、地域の特性をいかした政策を選択・立案、決定および実施していかなければならない。

＜公共課題と政策の関連＞

```
公共課題 ┬── 非政府課題 ──▶ 非政府政策 ┐
         │                              ├── 公共政策
         └── 政府課題  ──▶ 政府政策   ┘
```

(3) 政府の存在根拠

　政府としての自治体・国は、それぞれの政府課題を解決するために存在し、政府課題の解決を政治・行政というかたちでおこなっているが、その起点は、主権者である市民にある。すなわち、主権者である市民は、その生活している地域における政治・行政をおこなう権限（自治権）を市民を代表する機構で構成される地方政府に信託している。この信託は、主権者である市民が「選挙」によって地域の代表機構（長・議会）をつくり、政治・行政の財源として「納税」することによっておこなわれる。国政については、憲法前文に「そもそも国政は、国民の厳粛な信託によるものであって、その権威は国民に由来し、その権力は国民の代表者がこれを行使し、その福利は国民がこれを享受する。」と規定している。自治体の最高規範として制定されはじめている自治基本条例においても、議会および長の地位は市民の「信託」にもとづくことが明文化されるようになっている。市民は、自治体（市区町村・都道府県）・国それぞれのレベルの政府に政治・行政をおこなう権限を信託しているのである（「複数信託論」）。

＜政府信託の関係＞

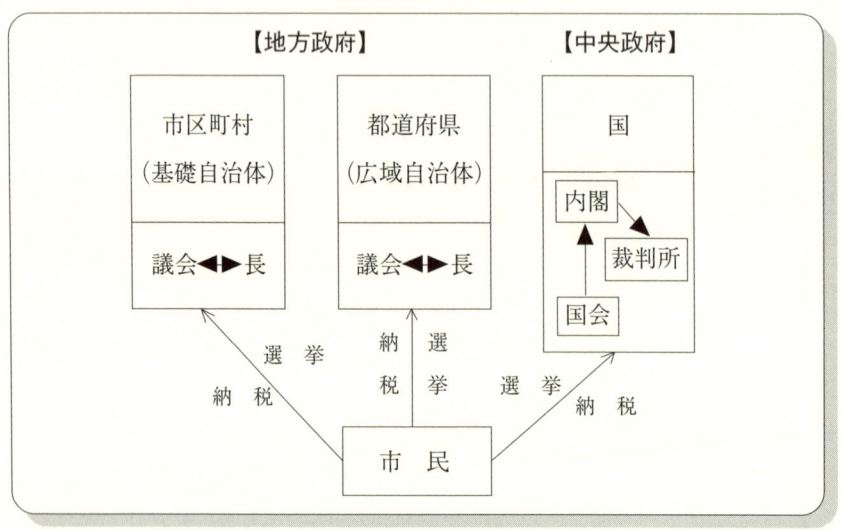

（図：市民から地方政府【市区町村（基礎自治体）・都道府県（広域自治体）】および中央政府【国：内閣・裁判所・国会】へ、選挙・納税により信託される関係を示す図）

2　自治体の財務緊迫

(1)　財政構造の硬直化

　財政構造の弾力性とは、経常的な財源収入によって経常的な経費を支出しても、なお余剰がある状態をいう。ところが、現実には、財政構造は、いちじるしく弾力性に欠け、硬直化している。これをみる代表的な指標である経常収支比率は、全国平均でみても、適正水準とされる70%～80%をこえる状況がつづいている（表1）。この経常収支比率は、地方税・地方交付税などの経常一般財源などが人件費・公債費などの経常経費にあてられる割合をしめしている。また、公債費（地方債の元利償還金など）にあてられる一般財源の一般財源総額にしめる割合である公債費負担比率は、警戒ライン（15%）をこえて、危険ライン（20%）にせまっている（表2）。

表1　経常収支比率の推移

単位：%

年　度	1989	1990	1991	1992	1993	1994	1995	1996	1997
経常収支比率	69.8	70.2	71.3	74.8	79.4	84.1	84.7	84.8	87.4
年　度	1998	1999	2000	2001	2002	2003	2004	2005	2006
経常収支比率	89.4	87.5	86.4	87.5 (90.2)	90.3 (95.8)	89.0 (99.9)	91.5 (99.9)	91.4 (97.4)	91.4 (96.4)

注：1. 各年版「地方財政白書」（自治省・総務省編）による。
　　2. ( )内数値は、減税補てん債および臨時財政対策債を経常一般財源から除いて算出したものである。

表2　公債費負担比率の推移

単位：%

区　分		2000	2001	2002	2003	2004	2005	2006
公債費負担比率	市町村	16.3	16.7	17.3	17.5	17.3	17.4	17.5
	都道府県	17.6	18.4	19.8	19.8	19.9	19.3	19.4

注：「平成20年版〔平成18年度決算〕地方財政白書」（総務省編）による。

(2) 膨大な借入金残高

自治体の借入金には、地方債、公営企業債（普通会計負担分）および地方交付税特別会計借入金（地方負担分）があり、その残高総額は、膨大な額にふくれあがっている（表3）。

2008年度末の残高見込み額197兆円の内訳は、地方債残高137兆円、公営企業債残高（普通会計負担分）26兆円および交付税特別会計借入金残高34兆円となっており、総額で1980年度の5倍以上にもなっている。

表3　借入金残高の推移

単位：兆円

年　度	1980	1981	1983	1986	1991	1992	1993	1994	1995
借入金残高	39	43	52	61	70	79	91	106	125
年　度	1996	1997	1998	1999	2000	2001	2002	2003	2004
借入金残高	139	150	163	174	181	188	193	198	201
年　度	2005	2006	2007	2008					
借入金残高	201	200	199	197					

注：「地方財政の現状」（総務省ホームページ）により作成。

(3) 特別会計の赤字状況

地方公営企業特別会計では、黒字事業数86.0％・赤字事業数14.0％、料金収入の減少、約60兆円の企業債現在高となっている。国民健康保険事業特別会計では、実質収支から財源補てん的な他会計繰入金および都道府県支出金を控除し、繰出金をくわえた再差引収支が赤字つづきとなっている。また、介護保険事業特別会計では、同じ計算による再差引収支が黒字となっているものの、赤字団体が46（2.8％）となっている（平成20年版〔平成18年度決算〕地方財政白書・総務省編）。そのほかの収益事業などの特別会計もきびしい財政状況にある。

I 地方政府と財務の緊迫

(4) 縮小する財源

自治体の財源は、縮小傾向にある（表4）。歳入総額では、2002年度から100兆円をきるようになっている。その内訳を構成比でみると、三位一体改革（2004～2006年度）により、地方税はふえているものの、地方交付税と国庫支出金が大幅にへっている。その地方税も高齢少子化にともなって増税以外に増収を期待できない。地方債も限界にきている。

表4　全自治体の歳入純計決算の総額および構成比（主なもの）の推移

区分		2000年度	01年度	02年度	03年度	04年度
歳入総額（億円）		1,002,751	1,000,041	971,702	948,870	934,422
構成比(%)	地方税	35.4	35.5	34.4	34.4	35.9
	地方交付税	21.7	20.3	20.1	19.0	18.2
	国庫支出金	14.4	14.5	13.6	13.9	13.3
	地方債	11.1	11.8	13.7	14.5	13.2

区分		05年度	06年度
歳入総額（億円）		929,365	915,283
構成比(%)	地方税	37.4	39.9
	地方交付税	18.2	17.5
	国庫支出金	12.8	11.5
	地方債	11.2	10.5

注：「平成20年版〔平成18年度決算〕地方財政白書」（総務省編）による。

I　地方政府と財務の緊迫

(5) 山積する政策課題

　財源が縮小する一方で、自治体が解決にあたるべき政策課題が山積している（表5）。福祉関係経費（民生費）の増加がいちじるしいが、小中学校教育の充実（教育費）、市民生活に必要な都市基盤の整備（土木費）もしていかなければならない。そのうえに、地方債の元利償還金（公債費）の負担が重くのしかかり、職員の大量退職にともなう職員退職金の経費（人件費）を必要とする。さらに、財源拡張期につくった「ハコモノ」の補修・改築の更新時期にさしかかり、そのための必要経費も膨大な額になる。

表5　全自治体歳出純計決算額の構成比の推移

区分			2000年度	01年度	02年度	03年度	04年度
歳出合計（億円）			976,164	974,317	948,394	925,818	912,479
構成比(%)	目的別	民生費	13.7	14.4	15.1	15.7	16.6
		土木費	20.0	19.1	18.6	17.8	16.7
		教育費	18.5	18.5	18.6	18.6	18.5
	性質別	義務的経費	46.4	47.3	48.7	49.8	50.6
		人件費	27.5	27.5	27.8	28.0	28.1
		扶助費	6.2	6.6	7.1	7.6	8.2
		公債費	12.6	13.2	13.7	14.2	14.3
		投資的経費	25.0	23.6	22.3	20.1	18.5

区分			05年度	06年度
歳出合計（億円）			906,973	892,106
構成比(%)	目的別	民生費	17.3	18.2
		土木費	15.9	15.5
		教育費	18.3	18.5
	性質別	義務的経費	51.7	51.8
		人件費	27.9	28.2
		扶助費	8.5	8.7
		公債費	15.4	14.9
		投資的経費	17.5	16.6

注：「平成20年版〔平成18年度決算〕地方財政白書」（総務省編）による。

　以上の決算数値は、後述の決算統計上で、(1)(2)(4)および(5)が普通会計に、(3)が公営事業会計に属している。

3 従来型財務と政策財務

(1) 財政と財務

　従来の自治体財務は、地方税や国庫補助負担金などの財源をいかにして、どれだけ確保するかという財源・収入の問題が中心であり、財源を配分すべき政策の選択は二の次であった。したがって、カネ（財源）があるから予算の計上をみとめるということにもなり、たとえば国の補助金がつくということで、必要度・優先度のひくい事業をおこなうことすらあった。もちろん、財源の確保は、欠かすことができないことであるが、より重視すべきことは市民にとって真に必要とする政策は何かという選択と優先づけである。はじめに政策ありきであって、その政策の実現のために収入・財源があてられる。すなわち、先に、選択・優先づけされた政策があり、それに必要な財源をヤリクリするという基本的な考え方を必要とする。20世紀後半以降の社会経済の構造的な変化を背景に、自治体の財源が縮小傾向にあり、市民負担にも限界がみえるなかでは、このような考え方がなおさらのこと必要である。

　このようにして、従来の収入論・財源論を中心とする「財政」と支出論・政策論としての「財務」とを区分し、前者を重視する考え方を「従来型財務」、後者を重視する考え方を「政策財務」としてとらえたい。

　なお、本書では、「財務」と「財政」を区別したうえで、「財政」として一般化している用語については、その用語を使用している。

I 地方政府と財務の緊迫

> ■財政と財務の区別■
> 財政は地方・中央政府レベルでの財源の集約・配分問題で、いわば収入論・財源論であり、財務は地方・中央政府レベルでの政策選択をめぐる財源のヤリクリで、いわば支出論・政策論である（松下圭一法政大学名誉教授）。なお、松下圭一法政大学名誉教授は、周知のとおり、政策法務および政策財務の必要性についても、最も早くから提唱された方であり、財務との関連では、特別会計・外郭団体などとの連結財務諸表の作成・公開、雪だるま式にふえる累積債務への警告、職員定数・退職金への対応などおおくの個別問題についても、30年前ごろから提起されている。筆者も、同名誉教授の著作などからおおくのことを学び、示唆をうけ、ヒントをいただいた一人である。

(2) 予算と政策

　自治体の財務は、予算が中心となる。予算は、政策実施に必要な経費を財源のかたちで見積もったものである。つまり、各年度において実施すべき政策を事業レベルで網羅し、その事業の必要経費を歳出予算に組み、必要な財源を歳入予算に見込んでいる。したがって、予算とは、実質的にみて、「各年度において実施すべき政策を金額で表したもの」ととらえるべきである。一般的に、予算とは、「一会計年度における収入・支出の見積もりである」と定義されているが、これでは予算本来の政策的意味合いを理解することができない。

　自治体は、長期の総合性をもつ自治体計画にもりこまれた政策を実施するために、毎年度、予算を編成し、議会の議決をへて、執行する。その執行実績を決算としてまとめ、議会の認定をへて、政策責任をはたしたことになる。自治体計画には、議会の議決をへてさだめられる基本構想（地方自治法2条4項）、基本計画および実施計画（総合計画）のほかに政策課題別の計画があり、主要な政策がもりこまれている。なお、政策は、狭義の政策（基本的な理念・方針・基本目標）、施策（具体的な取り

組みを体系化したもの）および事業（個々の具体的な取り組み）の三層からなるものとし、この全体を広義の政策とよぶことができる。

<自治体計画と予算>

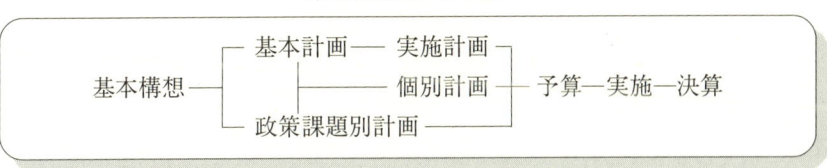

```
                ┌─ 基本計画 ── 実施計画 ─┐
基本構想 ───────┼─ 個別計画 ──────────┼─ 予算―実施―決算
                └─ 政策課題別計画 ────┘
```

(3) 財務の範囲

　日本国憲法および財政法では、国の「財政」とされているが、地方自治法では、「第９章財務」とされている。これは、国の自治体軽視の用語の使用であるともいえるが、自治体・国ともに前述のように財政・財務の両面があることを強調したい。

　地方自治法の規定は、会計年度・会計区分、予算、収入・支出、決算、契約、現金・有価証券、時効、財産、住民監査請求・住民訴訟などまでふくむ内容になっている。財務の中心は、予算であって、収入・支出が予算の執行そのもの、契約が支出の原因行為、現金・有価証券が収入・支出の手段、決算が予算の執行結果の集約、財産が予算執行による取得・管理・処分である。さらに、住民監査請求・住民訴訟は、予算執行や財産管理などに対する納税者である市民の監視・制御の仕組みである。したがって、自治体の財務は、予算の一連の過程になっている。

<財務過程>

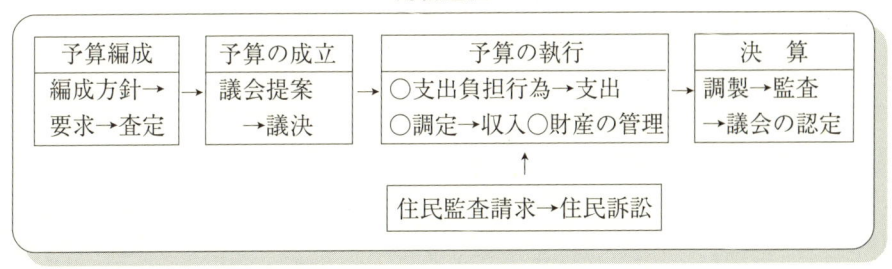

予算編成	予算の成立	予算の執行	決算
編成方針→ 要求→査定	議会提案 →議決	○支出負担行為→支出 ○調定→収入 ○財産の管理 ↑ 住民監査請求→住民訴訟	調製→監査 →議会の認定

(4) 従来型財務の問題性

従来型財務の主な問題点は、以下のとおりである。

① 法令の縛り

　自治体の財務に関しては、地方自治法・同法施行令・同法施行規則、地方財政法、地方税法、地方公営企業法などの国の法令によって細部にわたり網がかけられている。自治体は、これらの法令に縛られ、独自の取り組みに消極的であった。

② 増分主義と外部圧力

　従来の予算編成は、前年度実績にもとづく増分主義を基本とするものであった。予算要求では、前年度実績をベースにしながら見積計算と要求書・添付資料などの書類作成に労力をついやし、予算獲得のための水増し操作や関係団体をバックにした要求などもおこなわれた。予算査定では、事業担当部門と財政担当部門との予算配分の争いだけでなく、既得権益などにからむ利害関係者・団体や議員などからの要求や圧力がかかることもあった。

③ 契約の変則性

　自治体が締結する契約をめぐって、職員が事前に入札情報をもらして、その見返りに賄賂をうけとり、業者が入手情報をもとに談合する事件が後をたたない。また、競争によらない随意契約が乱用されてきた。まさに、「政官業」の癒着が自治体にもはびこっていた。
　この問題の核心は、契約価格を不正に水増しし、自治体に正当な価格との差額について実質的な損害を生じさせていることである。不正入札は、落札率（予定価格にたいする落札金額の割合）が100％近いと疑われる。このような不正がおきる最大の原因は、原則とされている一般競争入札

が例外である指名競争入札や随意契約にとってかわられていることである。

④　国主導の景気対策

　おおくの自治体は、国の景気対策としての減税政策や公共事業に動員され、規模・能力をこえる地方債を発行し、その元利償還である公債費の負担の重圧をうけている。とくに、自治体は、バブル崩壊後の地方債とセットにされた地方交付税の第二補助金化により地方単独事業を奨励され、景気対策の中心的役割をになわされた。その結果、国と地方の膨大な長期累積債務が急増し、自治体「破産」すらおきている。これを主導してきた国の責任とともに、国の景気対策に安易にのった自治体の責任もおおきい。

⑤　財務情報の公開不徹底

　自治体の財務情報の公開は、地方自治法にもとづく予算の要領、監査結果、決算の要領および財政状況の公表に関する規定にしたがった形式的なものになりがちであった。しかも、財務に関する用語は専門的でむずかしく、広報紙などで読んでもわかりにくいものであった。決算統計については、国に提出するために作成されたものであるとし、その公表に消極的な自治体も存在した。また、財務状況の公開・公表の順序についても、都道府県や国への報告が優先し、市民への公表は後回しになっている状況があった。

⑥　監視・制御の不十分さ

　公金（国・自治体が保有・保管する金銭）の使途をめぐって、浪費や無駄だけでなく、違法・不当な使用が後をたたない。これは、行政内部のコンプライアンスの欠如、監査制度や議会の監視機能の限界、さらには

財務情報の公開不徹底から市民による監視の不十分さなどがおおきな要因である。

(5) 政策財務への転換

① 政策財務の要旨

　政策財務は、財政と財務を区別して、支出論・政策論としての「財務」を重視し、従来型財務を政策的な意味合いからとらえなおす考え方と実践である。すなわち、政策財務は、政策法務とともに、自治体の経営戦略として、現行の財務の基本的仕組みをふまえたうえで、制度改革を展望しながら、従来型財務の限界をのりこえるための手法の改革をめざすものである。手法の改革は、原価計算、事業採算、棚卸しをふくめて、連結財務書類の作成による財務情報の公開、予算の編成手法、予算の執行方法、決算および財務の監視・制御にまでおよぶ。

② 政策と法務・財務

　自治体は、市民参加手続による自治体計画において、みずからの責任領域における政策を総合化・体系化している。自治体計画には、長期総合計画としての基本構想・基本計画を軸に政策課題別計画や個別計画がある。だが、自治体が立派な計画書をつくったとしても、それだけでは「絵に描いた餅」である。政策は、具体的に実現されることによって意味をもち、市民にとって価値あるものとなる。自治体計画にかかげられた政策を実現するためには、権限と財源を必要とする。その権限を法的に裏づけるものとして政策法務があり、財源を裏づけるものとして政策財務がある。これを車にたとえれば、自治体計画がハンドル、政策法務および政策財務が両輪、そして市民ついで議員・長・職員がエンジンの役割をもつ。

Ⅰ　地方政府と財務の緊迫

<自治体計画・政策法務・政策財務の関係>

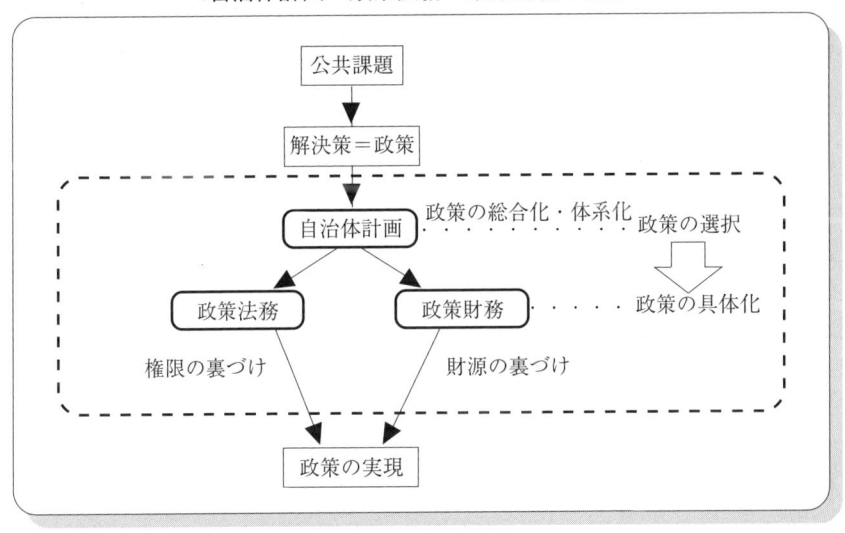

```
           公共課題
             ↓
         解決策＝政策
             ↓
    ┌──────────────────────────────────────┐
    ┊    自治体計画 ……政策の総合化・体系化  政策の選択 ┊
    ┊      ↙    ↘                         ⇩         ┊
    ┊  政策法務   政策財務 ……… 政策の具体化          ┊
    ┊ 権限の裏づけ 財源の裏づけ                       ┊
    └──────────────────────────────────────┘
         ↘    ↙
         政策の実現
```

Ⅱ　予算の種類・原則・法規範性

予算の編成・執行にあたっては、予算の種類、予算原則および予算の法規範性に関する理解・認識を欠かすことができない。

1　予算の種類

自治体の予算は、その形式や性質によって分類できる。自治体の会計年度は、毎年4月1日にはじまり、翌年3月31日におわる。

(1)　会計区分による分類

会計区分による一般会計予算と特別会計予算の分類が基本である。

一般会計予算は、原則として租税を財源として基本的な事業経費を網羅的に計上するもので、自治体予算の本体をなす。

特別会計予算は、自治体が特定の事業をおこなう場合と特定の歳入をもって特定の歳出にあて一般の歳入歳出と区分して経理する必要がある場合に設置する。特別会計は、条例により設置することとされているが、法律にもとづき設置される場合には条例を制定する必要はない（公営企業、国民健康保険事業、介護保険事業など）。

(2)　成立時期による分類

当初予算（通常予算・本予算）は、年度開始前に年間予算として編成し、成立する予算で、原則として編成時において当該年度に見込まれるすべての収入・支出を計上する。

補正予算は、当初予算の編成後の事情の変更によって過不足を生じたり、また必要やむをえない内容の変更があった場合に、既定の予算に変更をくわえる予算である。

(3) 本予算に対する分類

暫定予算は、一会計年度のうち一定期間にかかる予算であって、当初予算が年度開始前に成立しない場合などの暫定的なものである。通常、新規事業や政治的判断を要する経費をのぞいて人件費、扶助費などの義務的経費を中心に計上する。本予算が成立したときは、その効力を失い、それまでのいわば「つなぎ」予算である。また、暫定予算にもとづく支出・債務の負担は本予算にもとづく支出・債務の負担とみなされる。

骨格予算は、自治体の長の改選期などにおいて編成され、新規事業や政治的判断を要する経費をのぞき、人件費・公債費などの義務的経費や物件費・補助費などの経常経費を主体とした必要最小限の収入・支出を計上する年間予算である。新規事業や政治的判断を要する経費その他必要経費については、前述の補正予算として追加される（肉付予算）。慣行として編成されるもので、当初予算の一形態とみるべきであろう。

2　予算の原則

予算の編成・議決・執行に関して、ひろく原則が確立している。これらの原則は、財政民主主義（市民の代表機構である議会の議決により成立）、単年度予算主義（一年を単位とした編成・執行）、財政健全主義（単年度主義のもとでの収支の財政均衡）および財政公開主義（予算の概要と執行状況などの公表）という自治体予算の4つの特質にむすびつく。

(1) 予算編成上の原則

① 会計年度独立の原則

　各会計年度における歳出には、その年度の歳入をあて、毎会計年度の歳出予算経費の金額を翌年度において使用することができない。この例外として、継続費の逓次繰越し、繰越明許費、過年度収入・支出、事故繰越しなどがある。

② 総計予算主義の原則

　一会計年度における収入・支出のすべてを歳入歳出予算に編入しなければならない。この例外として、一時借入金、歳計剰余金の基金編入などがある。

③ 単一予算主義の原則

　一会計年度における歳入・歳出を単一の予算のもとにおき、複数の予算をつくらない。この例外として、特別会計、暫定予算、補正予算などがある。

(2) 予算の議決・執行上の原則

① 予算事前議決の原則

　自治体の長は、毎会計年度の予算を調製し、年度開始前に、議会に提案し、その議決をへなければならない。この例外として、原案執行権（地方自治法177条3項）がある。

② 予算公開の原則

自治体の長は、議会から議決のあった予算の送付をうけた場合において、その要領を公表しなければならない。

③ 費目間流用禁止の原則

歳出予算の経費の金額は、議会の議決科目である各「款」の間または各「項」の間において相互にこれを流用できない。この例外として、同一款内での項間の流用ができる（44頁参照）。

3 予算の法規範性

(1) 予算の法的性格

予算は、法的にどのような性格をもっているのだろうか。予算は、議会への提案権が自治体の長に専属すること、公布を必要としないこと、単年度主義をとっていることなどが法令や条例・規則と異なっている。したがって、両者を同一視することはできないが、予算と法令・条例・規則とは、代表制民主主義にもとづき議会の議決によりさだめられるという点において共通している。しかも、予算は、議会の議決が成立要件であるとともに、効力要件でもあり、徹底した財政民主主義にもとづいている。したがって、予算は、法規範に準じた拘束力をもつものであると理解すべきである。現に、予算の様式は「第1条　歳入歳出予算の総額は、それぞれ〇〇〇〇千円と定める。」というように法規範としての形式をとっている。

(2) 予算の法的拘束力

歳入歳出予算における歳入予算と歳出予算とでは効力が異なり、法的拘束力にも違いがある。すなわち、歳出予算は、自治体の長に歳出金額

II 予算の種類・原則・法規範性

の範囲内において支出をおこなう権限を与えるとともに、その範囲内における支出を義務づけるものである。しかも、歳出金額の範囲内であっても、予算にさだめる目的外の支出禁止、「款」・「項」間の流用の禁止・制限、議会の否決した費途への予備費の充当禁止などの制限がある。これに対して、歳入予算は、単なる見積りにすぎず、長は歳入予算をこえて収入することができる。たとえば、地方税は、地方税法・税条例にもとづいて賦課徴収され、税収が予算に計上された歳入金額をこえ、また逆に満たない場合であっても、それがただちに違法とされるものではない。だが、地方債の発行については、自治体が将来の債務を負うことであるから、予算でさだめる限度額をこえることは許されない。なお、地方債の発行状況については、市民・議会にたえず公開すべきである。

III 予算の編成内容

自治体予算の本体である一般会計予算についてのべる。

1 予算の内容・様式

(1) 予算の内容

予算は、歳入歳出予算、継続費、繰越明許費、債務負担行為、地方債、一時借入金および歳出予算の各項の経費の金額の流用の7つの事項に関する定めからなっており、これらを統括した概念が「予算」である。

(2) 予算の様式

予算の編成様式は、地方自治法施行規則に次のような基準がさだめられており、各自治体とも、この様式にしたがっている。

予算の調製の様式（第14条関係）

　　　　　　　　何年度（普通地方公共団体名）一般会計予算

　何年度（普通地方公共団体名）の一般会計の予算は、次に定めるところによる。

　（歳入歳出予算）

第1条　歳入歳出予算の総額は、歳入歳出それぞれ何千円と定める。

2　歳入歳出予算の款項の区分及び当該区分ごとの金額は、「第1表歳入歳出予算」による。

　（継続費）

第2条　地方自治法（昭和22年法律第67号）第212条第1項の規定による継続費の経費の総額及び年割額は、「第2表継続費」による。

Ⅲ　予算の編成内容

（繰越明許費）

第3条　地方自治法第213条第1項の規定により翌年度に繰り越して使用することができる経費は、「第3表繰越明許費」による。

（債務負担行為）

第4条　地方自治法第214条の規定により債務を負担する行為をすることができる事項、期間及び限度額は、「第4表債務負担行為」による。

（地方債）

第5条　地方自治法第230条第1項の規定により起こすことができる地方債の起債の目的、限度額、起債の方法、利率及び償還の方法は、「第5表地方債」による。

（一時借入金）

第6条　地方自治法第235条の3第2項の規定による一時借入金の借入れの最高額は、何千円と定める。

（歳出予算の流用）

第7条　地方自治法第220条第2項ただし書の規定により歳出予算の各項の経費の金額を流用することができる場合は、次のとおりと定める。

(1)　各項に計上した給料、職員手当及び共済費（賃金に係る共済費を除く。）に係る予算額に過不足を生じた場合における同一款内でのこれらの経費の各項の間の流用

(2)　何　々

　　　　何年何月何日提出

　　　　〔何都（道府県）知事〕〔何都（道府県）何市（町村）長〕

　　　　　　　　　　　　　　　　　　　　　氏　　名

2　歳入歳出予算

(1) 款項目節主義

　歳入歳出予算は、「款」「項」「目」「節」の4段階に区分される。歳入では、その性質にしたがって款に大別し、かつ、各款を項に区分し、歳出では、その目的にしたがって款項に区分しなければならない。この款・項は、議会の議決の対象となる議決科目であり、目・節は、項をさらに細分化したもので、自治体の長がいわゆる執行（行政）科目としてさだめるもので、議会の議決を必要としない。

　款項目節の区分は、総務省令（地方自治法施行規則）でその基準がさだめられている。ところが、歳出予算の節の区分については「別記のとおり定めなければならない。」が、その他の歳入歳出の款項目および歳入予算の節の区分については、「別記のとおりとする。」とされている（地方自治法施行規則15条）。

> 「歳」は会計年度のことで、「歳入」は一会計年度における一切の収入、「収入」は支出の財源となるべき現金の収納をいい、「歳出」は一会計年度における一切の支出、「支出」は各般の需要をみたすための現金の支払いをいう（財政法2条参照）。

(2) 歳入予算

① 歳入予算の区分

　歳入予算に計上される収入には、地方税、地方交付税、使用料・手数料、国庫支出金、都道府県支出金、繰入金、繰越金、地方債などがある。款項目節の区分は、次頁のようになっている。

Ⅲ 予算の編成内容

<歳入予算の款項目節の区分（市町村・抜粋）>

款	項	目	節
1 市（町村）税	1 市町村民税	1 個人 2 法人	1 現年課税分 2 滞納繰越分
	2 固定資産税	1 固定資産税	
9 地方交付税	1 地方交付税	1 地方交付税	目と同一
13 国庫支出金	1 国庫負担金 2 国庫補助金	1 民生費国庫負担金 2 民生費国庫補助金	
20 市（町村）債	1 市（町村）債	1 土木債	長が定める。

② 歳入予算の財源

　歳入予算における財源は、その性質によって3つに分類される。この分類から、地方自治の本来のあり方に最もふさわしい財源は、自主財源、一般財源および経常財源の3つの性質をそなえた地方税である。したがって、自治体の自立性・自主性を強化するためには、国税から地方税への税源移譲が不可欠である。

<財源の分類>

分類		内容	例
①	自主財源	自治体がみずからの手で徴収・収納できる財源	地方税、使用料など
	依存財源	自治体が外部の資金に依存する財源	国庫補助金、地方債など
②	一般財源	自治体が自由に使途をきめることのできる財源	地方税、地方交付税など
	特定財源	あてるべき事業が特定されている財源	国庫支出金、地方債など
③	経常財源	毎年度、経常的に収入が見込まれる財源	地方税、地方交付税など
	臨時財源	臨時的・単発的な財源	地方債、国庫支出金（建設事業）、財産売却収入など

注：都市計画税や地方譲与税（道路の建設・維持補修へ充当）は事業が特定されていないという意味で一般財源に分類されている。

ア　地方税

　租税は、国・自治体が政策の実施に要する経費にあてるために、特定のサービスの対価としてではなく、納税者から一方的・強制的に無償で徴収する金銭である。

　租税の特徴は、任意に納付しない場合に強制的に滞納処分がおこなわれること（租税の権力性）、個別の公共サービスの直接の対価ではないこと（租税の非対価性）、公共サービスの水準を決定することなどの点にある。租税は、普通税（使途を特定せず一般経費にあてる税）および目的税（特定の経費にあてる税）にわけられる。

　また、租税には、国税と地方税があり、地方税には、市町村税と都道府県税とがある。市町村税は、個人・法人の前年の所得に課せられる市町村民税（都道府県民税とあわせて「住民税」という）および土地・家屋に課せられる固定資産税のしめる割合がおおきい。都道府県税では、事業税および都道府県民税の割合がおおきいが、法人関係税は、景気の影響をうける税目である。なお、東京都特別区における市町村民税（法人分）、固定資産税、都市計画税などは、都税として賦課徴収され、これを財源として都・区および23区間の「財政調整」がおこなわれている（都区財政調整制度）。

<地方税体系>

市町村税	普通税	市町村民税、市町村たばこ税、特別土地保有税、固定資産税（国有資産等所在地市町村交付金）、軽自動車税、鉱産税、法定外普通税
	目的税	都市計画税、入湯税、事業所税、国民健康保険税、水利地益税、共同施設税、宅地開発税、法定外目的税
道府県税	普通税	道府県民税、事業税、地方消費税、不動産取得税、道府県たばこ税、自動車税、ゴルフ場利用税、鉱区税、法定外普通税
	目的税	自動車取得税、軽油取引税、狩猟税、水利地益税、法定外目的税

Ⅲ　予算の編成内容

イ　地方譲与税

　地方譲与税は、本来、自治体に属すべき財源を徴税の便宜などの理由から国税として徴収し、これを自治体に譲与する金銭である。地方譲与税には、地方道路譲与税、石油ガス譲与税、自動車重量譲与税などがあり、これにあてられる国税として徴収される税に地方道路税、石油ガス税、自動車重量税などがある。

ウ　地方交付税

　地方交付税は、国税5税の一定割合（所得税32％、法人税32％－当分の間35.8％、酒税32％、消費税29.5％、たばこ税25％）が自治体に配分・交付される金銭である。地方交付税制度は、自治体間の財源の偏在を調整して、すべての自治体に一定の行政水準を維持できる財源を保障するためのものである。地方交付税の原資は、国税の一定割合とされているが、本来、自治体の税収入とすべきところ、便宜的に国が国税として自治体にかわって一括徴収し、再配分しているもので、いわば自治体の固有・共有の財源である。地方交付税は、一般財源として交付されるので、その使いみちは自治体の自主的な判断にまかされている。

■地方交付税の機能■

　地方交付税は、国と地方の財源配分の一環として税源配分を補完する機能を果たしている。第一に、自治体間の一般財源の不均衡を調整し（財政調整機能）、第二に、地方交付税の総額を国税5税の一定割合と法定して地方財源の総額を確保するとともに、基準財政需要額・基準財政収入額の設定を通じて必要な財源を保障している（財源保障機能）。国は、交付税の交付にあたっては、地方自治の本旨を尊重し、条件をつけ、またはその使途を制限してはならない（地方交付税法3条2項）。ところが、これまでの地方交付税制度は、算定が煩雑で、所管の総務省の「さじ加減」ともいわれる裁量の余地がおおきかった。そのうえに、国庫補助金と性格を異にするものであるにもかかわらず、

第二補助金化し、国策としての公共事業の動員手段にもつかわれてきた。地方交付税は、本来の機能をはたすために、人口と面積に比例し、地域経済力に反比例した算定方法を基本に簡素化・客観化した基準にすべきである。

地方交付税には、普通交付税および特別交付税がある。

● 普通交付税

全国の自治体が一定水準の事業をおこなうために必要な経費（基準財政需要額）と、標準的な状態において徴収が見込まれる税収額（基準財政収入額）を算定して、基準財政需要額が不足する場合に、その差額を交付する。交付税総額の94％があてられる。税収にめぐまれている自治体には交付されない（不交付団体）。

● 特別交付税

普通交付税で補足されない特別の財政需要（台風・地震などの災害に対する需要など）について交付されるが、総務省の恣意的判断という批判も強く、国会への事後報告を徹底すべきである。交付税総額の6％があてられる。

エ　国庫支出金

国庫支出金（国庫とは財産権の主体としての国のこと）は、負担金・補助金（広義では負担金と補助金をあわせて「補助金」という）・交付金・委託金などの名称によって国から交付される金銭である。このうち、国庫負担金は、国と自治体とが共同責任をもつ事業について経費負担区分をさだめて義務的に負担するものであり、法文上も「負担する。」あるいは「負担しなければならない。」とされている。国庫補助金は、特定の事業の奨励や財政援助としておこなわれるもので、国に特別の交付義務はなく、法文上も「○分の○以内を」・「予算の範囲内で」「補助することができる。」とされている。負担金・補助金の負担割合については、地方財政法で原則がさだめられ、個別法で事業ごとにさだめられている。国庫補助・負担金をめぐっては、交付条件が細かくさだめられ自治体の自主性・独自性をだせな

いこと、算定基準がひくいため自治体に超過負担をもたらしていること、交付手続きが煩雑で無駄な労力・経費を要すること、自治体の政策選択で補助がつくものを優先しがちであること、自治体と国との政策責任の所在が不明確になることなどのおおくの問題点があげられ、さらなる改善がもとめられている。また、補助金をうけて整備した施設の他目的への転用や譲渡・取り壊しなどの財産処分に対する制約があり、その緩和がもとめられている。

オ　都道府県支出金

都道府県支出金は、国庫支出金と同じ仕組みになっているが、個別法にもとづき、国の負担金・補助金にくわえて市町村へ交付されることがおおい（間接補助）。なお、独自の都道府県補助金については、都道府県における政策選択や財政力によって格差が生じているが、基礎自治体の政策領域に関与するかたちのものもあり、基礎自治体・広域自治体間の政策調整を必要としている。

カ　地方債

地方債は、自治体が必要な資金を外部から調達し負担する債務であって、その元利の償還が一会計年度をこえる期間にわたるものである。

地方債は、資金を借り入れる会計年度には財源として歳入に計上されるが、次年度以降の歳入をもってその償還のための支出が義務づけられる。自治体の歳出は、地方債以外の歳入をもって、その財源としなければならないことを原則とする（非募債主義）が、公営企業に要する経費、出資金・貸付金、地方債の借換え、災害関係の事業費および公共施設等の建設事業費の財源とする５つの場合には地方債をもってその財源とすることができる（地方財政法５条）。地方債は、原則として、これらの事業の財源とするために発行されるいわゆる建設地方債に限定されていて、歳入が歳出に不足したため

に生じた一般的な赤字を補てんする目的で発行されるいわゆる赤字地方債の発行はみとめない「建て前」をとっている。

　ところが、現実の財源不足に対処するために、地方財政法5条の特例として同法の「附則」において、住民税の減税に伴う減税補てん債や地方交付税の振り替わりである臨時財政対策債などの赤字地方債の発行がみとめられている。さらに職員の退職にともなう退職金の財源とするために退職手当債の発行もみとめられている。

　自治体によっては返せないほどの地方債という借金をつみ上げ、今もその責任が追及されている。

　地方債は、自治体の課税権を実質的な担保とした債務であるが、地方債の元利償還が確実におこなわれるよう、国の地方財政計画における地方債の元利償還に必要な財源の保障や交付税措置などの仕組みがもうけられている。このため自治体の甘えの構造を誘発し、バブル以降における自治体の無責任な財政運営は、きびしく批判されなければならない。

③　国から自治体への移転財源の流れ

　地方譲与税、地方交付税および国庫支出金は、国から自治体への移転財源であり、都道府県支出金は、都道府県から市町村への移転財源である。その流れは、次頁のとおりである。

Ⅲ 予算の編成内容

<市町村・都道府県・国の財政関係>

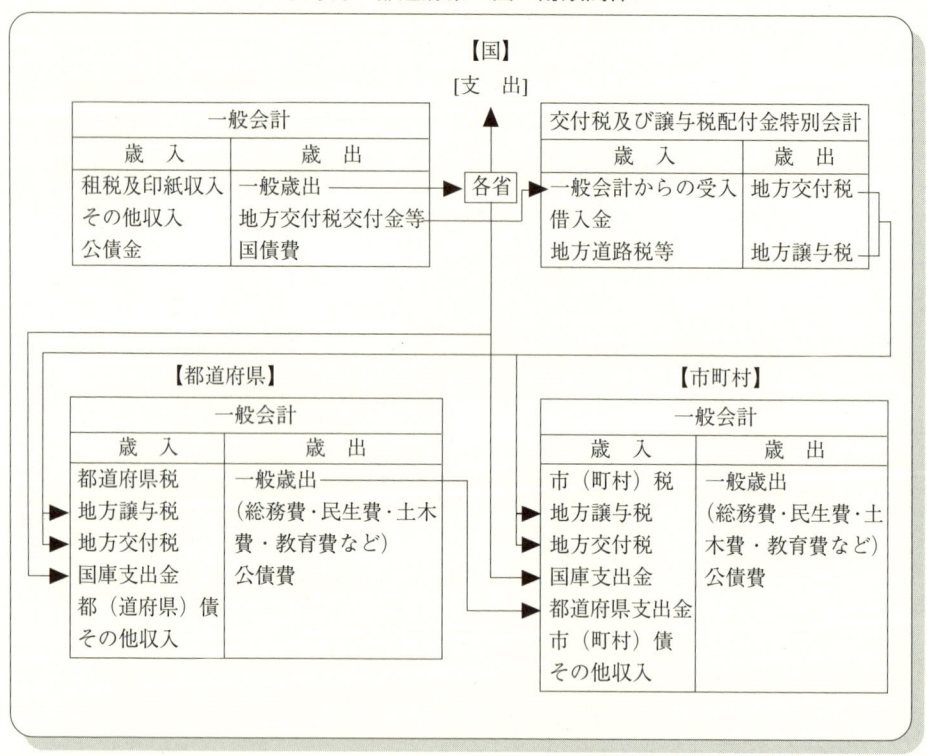

【国】
[支　出]

一般会計	
歳　入	歳　出
租税及印紙収入	一般歳出
その他収入	地方交付税交付金等
公債金	国債費

各省

交付税及び譲与税配付金特別会計	
歳　入	歳　出
一般会計からの受入	地方交付税
借入金	
地方道路税等	地方譲与税

【都道府県】

一般会計	
歳　入	歳　出
都道府県税	一般歳出
地方譲与税	（総務費・民生費・土木費・教育費など）
地方交付税	
国庫支出金	公債費
都（道府県）債	
その他収入	

【市町村】

一般会計	
歳　入	歳　出
市（町村）税	一般歳出
地方譲与税	（総務費・民生費・土木費・教育費など）
地方交付税	
国庫支出金	公債費
都道府県支出金	
市（町村）債	
その他収入	

(3) 歳出予算

① 歳出予算の区分

　歳出予算の款項目の区分は目的別に、節の区分は性質別にさだめられているが、このうち節の区分は前述のように単なる基準ではなく、規定どおりに区分することが義務づけられている。

<歳出予算の款項目節の区分（市町村・抜粋）>

款	項	目	節	説　明
1議会費	1議会費	1議会費	1報酬	議員報酬・委員報酬等
2総務費	1総務管理費	1一般管理費	2給料	特別職給・一般職給
		2文書広報費	3職員手当等	扶養手当・通勤手当等
		3財産管理費	4共済費	共済組合負担金等
	2徴税費	1税務総務費	7賃金	
3民生費	1社会福祉費	1社会福祉総務費	8報償費	報償金等
		2身体障害者福祉費	9旅費	費用弁償・普通旅費等
		3知的障害者福祉費	10交際費	
		4老人福祉費	11需用費	消耗品費・光熱水費等
	3生活保護費	1生活保護総務費	12役務費	通信運搬費・火災保険料等
		2扶助費		
8土木費	2道路橋梁費	2道路維持費	13委託料	
		3道路新設改良費	15工事請負費	○○工事請負費
	5都市計画費	2土地区画整理費	18備品購入費	庁用器具類等
10教育費	2小学校費	1学校管理費	19負担金、補助及び交付金	負担金・補助金・交付金
		2教育振興費		
		3学校建設費		
12公債費	1公債費	1元金	20扶助費	生活扶助費等
		2利子	23償還金・利子及び割引料	地方債の元金償還金・一時借入金の利子等
		3公債諸費	25積立金	
			28繰出金	他会計への繰出し

Ⅲ　予算の編成内容

② 歳出予算の経費
ア　目的別経費

歳出予算の款項目の区分は、目的別になっている。

＜主な目的別経費の内容＞

款	経費の内容
議会費	議会の運営に要する経費
総務費	広報、企画、財政、文書、財産管理などに要する経費
民生費	児童・高齢者・心身障害者などの福祉や生活保護の実施などに要する経費
衛生費	医療・公衆衛生の対策などの住民の健康の保持増進やごみの収集・処理などの生活環境の改善に要する経費
農林水産業費	生産基盤の充実、消費流通対策、農林水産業の振興などに要する経費
商工費	中小企業の支援や企業誘致などの地域における商工業の振興などに要する経費
土木費	道路・河川・住宅・公園などの公共施設の建設・整備・維持管理などに要する経費
消防費	火災・風水害・地震などの災害対策に要する経費
教育費	学校教育・生涯学習などの教育の振興と文化の向上に要する経費
公債費	地方債の元利償還金および一時借入金の利子の支払いに要する経費

イ　性質別経費

　目的別で計上されている歳出予算を経済的な性質別で集計し直したものが性質別区分である。この性質別の区分によって、自治体の経費構造を分析し、その特質を知ることができる。性質別分類としては、「経常的経費と臨時的経費」、「義務的経費と任意的経費」などに区分することもできるが、「義務的経費」、「投資的経費」および「その他の経費」に大別することが一般的である。

　a　義務的経費

　　義務的経費は、支出が義務づけられ、任意に削減できない経費で、人件費、扶助費および公債費からなっている。義務的経費は、硬直性がつよく、その支出の割合がたかくなれば自治体の財政運営上の自由度がひくくなる。

<義務的経費の内容>

区　分	経　費　の　内　容
人件費	職員給、共済組合等負担金、退職金、議員報酬・手当、委員報酬などに要する経費
扶助費	社会保障制度の一環として、生活困窮者、児童、高齢者、心身障害者などを援助するために要する経費
公債費	地方債元利償還金および一時借入金利子の支払いに要する経費

　b　投資的経費

　　投資的経費は、道路・橋りょう、公園、学校、公営住宅の建設など社会資本の整備に要する経費で、その大半を普通建設事業費がしめ、それ以外に災害復旧費、失業対策事業費がふくまれる。

c その他の経費

a・b以外の経費は、「その他の経費」とされている。

<その他の経費の内容>

区分	経費の内容
物件費	賃金、旅費、役務費、委託料など消費的性質の経費
維持補修費	公共施設などの維持に要する経費
補助費等	地方公営企業に対する負担金、各種団体等への補助金、報償費、寄附金など
繰出金	一般会計から他会計や定額の資金運用を目的とする基金に支出する経費
積立金	特定の目的のための財産を維持または資金を積み立てるために設置された基金などに支出される経費
投資及び出資金	国債、地方債の取得や財団法人等への出えん・出資などのための経費
貸付金	地域住民、企業への貸付け
その他	

③ 予備費の計上

歳入歳出予算には、予算外・予算超過の支出にあてるため、予備費を計上しなければならない。ただし、特別会計には、予備費を計上しないことができる。

3 継続費と繰越明許費

(1) 継続費

継続費は、自治体が経費を支払うべき数年を要する事業について、数年にわたって支出することのできる経費である。予算には、継続費の経費の総額および年割額をさだめる（地方自治法212条）。毎会計年度にお

ける年割額の経費の金額のうち、その年度内に支出を終わらなかった金額について当該継続費の最終年度まで逓次くりこして使用することができる（地方自治法施行令145条1項）。

　例⇒各種の建設費、補助事業、物件の購入など

(2) 繰越明許費

　繰越明許費は、歳出予算の経費のうちその性質上または予算成立後の事由にもとづき年度内にその支出を終わらない見込みのあるもので、翌年度にくりこして使用することができる経費である。繰越明許費として議決された経費を翌年度にくりこして使用しようとするときには、その経費の歳出にあてるために必要な金額をその年度から翌年度にくりこさなければならない。

4 債務負担行為と地方債

(1) 債務負担行為

　債務負担行為は、歳出予算の金額、継続費の総額または繰越明許費の金額の範囲内におけるものをのぞいて、自治体が将来にわたる債務を負担する行為である。予算には、債務負担行為の事項・期間・限度額をさだめる。債務負担行為は、原則として翌年度以降における経費の支出を予定して、その債務をおうことを目的とすることから、債務負担の権限のみが付与されるにすぎない。すなわち、債務負担行為は、契約などで発生する将来の一定期間における一定限度の支出負担枠を設定するものであって、現金支出を必要とするときには、その必要経費をあらためて歳出予算に計上しなければならない（現年度化）。

　債務負担行為は、地方債とともに将来の財政負担をともなうものであり、慎重さがもとめられる。債務負担行為の内容には、次のようなもの

がある。
● 物件の購入などに関するもの⇒翌年度以降の数年度にわたり経費支出が予定されているもの（土地・建造物の購入や製造・工事の請負にかかるものなど）
● 債務保証に関するもの⇒民間などがうける融資などに対する債務の保証。主たる債務が履行されない場合にかわって弁済する契約
● 損失補償に関するもの⇒特定の者が金融機関などからうけた融資が返済不能となり金融機関などが損失をこうむったときに、融資をうけた者にかわって、金融機関などに対してその損失を補償するもの
● その他⇒利子補給など

(2) 地方債

　自治体が地方債をおこすには、起債の目的・限度額・方法・利率・償還の方法を予算にさだめなければならない。地方債の性質や発行できる場合などについては前述したので、ここでは地方債の機能にふれておく。地方債には、建て前として、以下のような機能があるとされているが、「借金」であるという自覚が不可欠であり、たえずその返済可能性を市民・議会に責任をもってしめすべきである。
　また、地方債は本来、地方税、地方交付税などの一般財源の不足を一時的・臨時的に補完するものである。ところが、国は無責任にも、地方債発行量の増減を通じた公共事業量の調整による国の景気対策とし、自治体の借入金をふやしてしまった。近年では市民参加型公募地方債もひろがっているが、ここでも、たえず返済可能性が問われることになる。

① <u>世代間負担の公平性の確保</u>
　地方債を資金として建設された公共施設は、当該自治体の資産を形成し、その資産からの受益が長期にわたることから、地方債の元利償還を

通じて将来世代にも相応の負担をもとめることが公平性にかなう。そこで、公共・公用施設の建設事業費にかかる地方債の償還年限は、その地方債を財源として建設した公共・公用施設の耐用年数をこえてはならないとされている。

② 円滑な事業実施と負担の年度間調整
　大型施設の建設や災害復旧事業などは、単年度に多額の財源を必要とするので、地方債による資金調達によって円滑に事業を実施することができる。また、多額な財政負担をその元利償還の支払いというかたちで翌年度以降に平準化し、年度間の調整をはかることができる。

5　一時借入金と歳出予算の各項の経費の金額の流用

(1)　一時借入金
　一時借入金は、会計年度内における歳出予算内の支出であって、歳計現金（自治体の歳入歳出に属する現金）が不足した場合に、その支払資金の不足を補うための借入金である。予算には、一時借入金の借りいれの最高額をさだめなければならない。一時借入金は、その会計年度の歳入をもって償還しなければならないが、利子については、翌年度から支払っても違法でないとされ、公債費にふくめて償還されている。
　一時借入金は、既定の歳出予算を超過したものや歳出予算にないものについては借りいれることはできない。一時借入金の借りいれの権限は、自治体の長にあるが、この権限を「悪用」して、一時借入金を返済するために別の金融機関から一時借りいれをおこなうという「自転車操業」は許されるべきことではない。これが自治体財政の破綻をもたらす要因になっていることに留意しなければならない。

(2) 歳出予算の各項の経費の金額の流用

予算の流用は、予算の執行上の処理としておこなわれるもので、一定の費目の経費を減額し、その財源を他の支出費目の増額にあてることである。歳出予算の経費の金額は、各款の間において相互にこれを流用することができないが、各項の経費の金額は、予算の執行上必要がある場合にかぎり、予算のさだめるところにより、これを流用することができる（地方自治法220条2項）。各款の経費の金額の増減については、予算の補正によることになる。なお、目・節は、いわゆる執行科目として、自治体の長が予算を執行するためにもうけられた科目であるから、目・節の流用については、議会の議決を必要としないが、容易な流用がないよう、説明可能という行政倫理の確立が不可欠である。

Ⅳ 予算編成と議決手続

1 長の予算編成権

(1) 予算編成の意義

予算の編成とは、予算の準備から予算案が議会に提出されるまでの一連の作業のことをいう。自治体の長は、その重要な担任事務のひとつとし、毎会計年度、予算を編成し、議会に提案して、その議決をへなければならない。

自治体の長は、歳入歳出予算のうち教育に関する事務に係る部分の議案を作成する場合においては、教育委員会の意見をきかなければならない(地方教育行政の組織及び運営に関する法律29条)。

また、予算案を議会に提出するときは、予算案に関する説明書もあわせて提出しなければならない。

(2) 予算案と予算

日本国憲法では、「予算案」を「予算」と表現している（60条1項・73条5号・86条）。ところが、同じ憲法で「法律」と「法律案」については、明確に区別している（59条）。この用語法は、財政法や地方自治法も同様になっており、議案の名称も「条例（案）」に対して「予算」である。これは、「法律」「条例」と「予算」との前述の法規範性の違いからきているものと考えられる。しかし、実際には「予算」と「予算案」とを区別している。

2　予算の編成過程

予算の編成は、一般的に以下にのべるような過程をたどる。

＜予算の編成過程＞

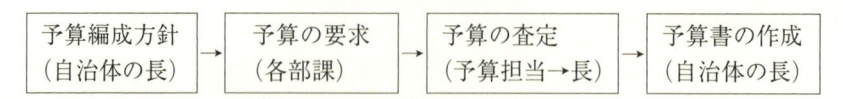

予算編成方針（自治体の長）→ 予算の要求（各部課）→ 予算の査定（予算担当→長）→ 予算書の作成（自治体の長）

(1)　予算編成方針

　自治体の長のもとで、自治体計画にもとづいて、翌年度の予算編成方針が決定され、各部門にその内容の徹底がはかられる。予算編成方針では、重点施策や予算編成の基本的な考え方、経費の見積り・収入の確保の方法などがしめされる。この予算編成方針をうけて、予算主管部門が、より具体的な予算編成要領を作成し、各部門にしめす。

(2)　予算の要求

　各事業主管課は、予算編成方針および予算編成要領にしたがって、予算要求書を作成し、見積書などの資料をそえて、予算主管部門に提出する。ここでは、原価計算と事業採算をともなった見積りが不可欠である。

(3)　予算の査定

　予算主管部門は、各事業主管部門から提出された予算要求書および資料にもとづいて査定をおこなう。予算の査定は、予算案作成の中心的な作業であり、通常、予算要求の集計→予算担当部門の査定（担当者の査定→部門責任者の査定）→自治体の長の査定（内示→復活要求→長の再査定など）の手続をへて、最終的な予算案の内容が確定する。

Ⅳ　予算編成と議決手続

(4)　予算書の作成

　確定した予算案の内容は、様式をととのえ、議案形式にし、あわせて、予算に関する説明書を作成する。予算に関する説明書には、「歳入歳出予算事項別明細書」、「給与費明細書」、「地方債の前前年度末における現在高並びに前年度末及び当該年度末における現在高の見込みに関する調書」などがある。これらの書類のほかに、通常、予算説明資料が作成されているが、各自治体それぞれが工夫して、わかりやすいかたちで公開されるべきである。

3　予算の議決手続

　予算は、長の提出した予算案が議会の議決（可決）によって成立し、効力をもつことになる。予算案については、議会開会前の早期公開などの工夫があってよい。

(1)　予算の提案

　自治体の長は、予算案を議会に提出する権限をもっており、しかも、予算案の議会への提出権は自治体の長に専属しており、議員には予算の提案権はない。自治体の長は、毎会計年度において予算案を、おそくとも年度開始前、都道府県および大都市（指定都市）にあっては30日、その他の市および町村にあっては20日までに、議会に提出するようにしなければならない。なお、自治体の長は、予算をともなう議案の提出については、必要な予算上の措置が的確に講ぜられる見込みがえられない間は議会に提出してはならない。

(2)　予算の審議・議決

　予算の議決権は、議会の重要な権限であるが、予算の提案権が自治体

の長に専属していることから、予算の修正議決には一定の限界がある。すなわち、議会は、減額修正については自由におこなうことができるが、増額修正については自治体の長の予算の提出の権限をおかすことはできない。議会は、長が提出した予算案について、本会議→委員会→本会議の順に審議・審査し、議決する。議決の結果は、議会の議長から自治体の長に送付される。送付をうけた長は、市町村の場合には都道府県知事に、都道府県の場合には総務大臣に報告するとともに、当然ながら市民に公表しなければならない。

<議会の議決手続>

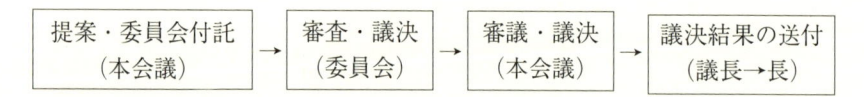

提案・委員会付託 (本会議)	→	審査・議決 (委員会)	→	審議・議決 (本会議)	→	議決結果の送付 (議長→長)

① 本会議での提案・委員会付託

議会に提出された予算案については、一般的に、本会議において自治体の長から提案と説明をうけ、全体的・基本的な事項の質疑と資料要求をおこなった後に、委員会に付託される。通常、当初予算については、特別委員会が設置され、この場合には委員会の審査に付すための付託の議決がおこなわれる。なお、質疑は、議会の議決により省略することがある。

② 委員会での審査・議決

付託先の委員会においては、自治体の長側から細部の提案説明および資料説明をうけ、質疑(現に議題となっている議案などに対する疑義をただすこと)と討論(議題に対する賛成または反対の意見をのべること)をおこなったうえで、表決(議題に対する賛成または反対の意思表示)がおこなわ

れる。表決（採決）の結果が議決であり、議決の態様には、可決、否決、修正可決、継続審査などがある。なお、提案説明は、議決で省略することがある。

③　本会議の審議・議決

再度、本会議を開いて、委員会における質疑、討論および表決の結果についての委員長の報告がおこなわれ、それに対する質疑がおこなわれる。委員長の報告に対する質疑がおこなわれた後、討論と表決がおこなわれる。表決は、特別の定めがある場合をのぞくほか、出席議員の過半数で決し（多数決の原則）、可否同数のときは、議長の決するところによる（議長の裁決権）。

(3)　再　議

再議は、自治体の議会と長との間において、特定の事項につき意見の対立があったとき、自治体の長の請求により、議会があらためて審議・議決をやりなおすことで、拒否権ともいう。拒否権には、再議に付すことが任意の一般的拒否権と再議に付すことが義務的な特別的拒否権とがあるが、特別的拒否権が行使されることはほとんどない。

①　一般的拒否権

自治体の長は、予算の議決に関し異議がある場合にはその送付をうけた日から10日以内に理由をしめして、これを再議に付することができる。否決されたものについては、効力または執行上の問題が生じないので再議の対象にならず、修正可決の場合に再議に付すことができる。再議の結果、出席議員の3分の2以上の同意を得て、再議に付された議決と同じ議決がなされたときは、その議決は確定する。

② 特別的拒否権

議会の議決が、権限をこえ、違法である場合、収入・支出に関し執行することができないものがあるとみとめるとき、自治体の義務に属する経費を削減・減額したときまたは非常災害による応急・復旧の施設のために必要な経費または感染症予防のために必要な経費を削減・減額した場合には、自治体の長は再議に付さなければならない。

Ⅴ 政策選択と予算編成

　高度成長期型の「あれも、これも」の時代は、とうに終わっており、今後加速する財源縮小にみあった「あれか、これか」のきびしい選択と重点化により、予算編成にのぞまなければならない。

1　政策選択とコスト縮減

(1)　自治体の政策領域

　政策の選択にあたっては、補完性の原則にもとづいて自治体の役割を明確にすることが欠かせない。市民の生活課題は、個人・家族で解決することを原則とするが、地方・中央政府は、個人・家族や非政府主体によって解決できない課題に取り組む。政府課題では、地域の一般課題をひろく基礎自治体が、広域的な課題を都道府県が、全国規模の課題を国が、それぞれに解決にあたることになる。だが、公共課題については、政府の独占物ではなく、市民組織の課題、さらには団体・企業にゆだねられる分野もひろまっている。

　そこで、政策選択にあたっては、課題の解決主体が個人か、市民組織か、団体・企業か、基礎自治体・広域自治体か、さらに国かという検討作業が不可欠となる。この振り分けは、課題の性質・程度と自治体の役割から検討することになる。なお、指定都市は、広域自治体に準じた広域課題についても一定の役割をもっている。

　たとえば、大学や専門学校の設置・運営については、町村や一般の市では無理があり、広域課題として、広域自治体・指定都市ないし中央政府の課題と考えるべきであろう。逆に、広域自治体は、基礎自治体の政策領域である地域福祉などの地域課題に介入すべきでない。

V　政策選択と予算編成

<課題領域と解決主体>

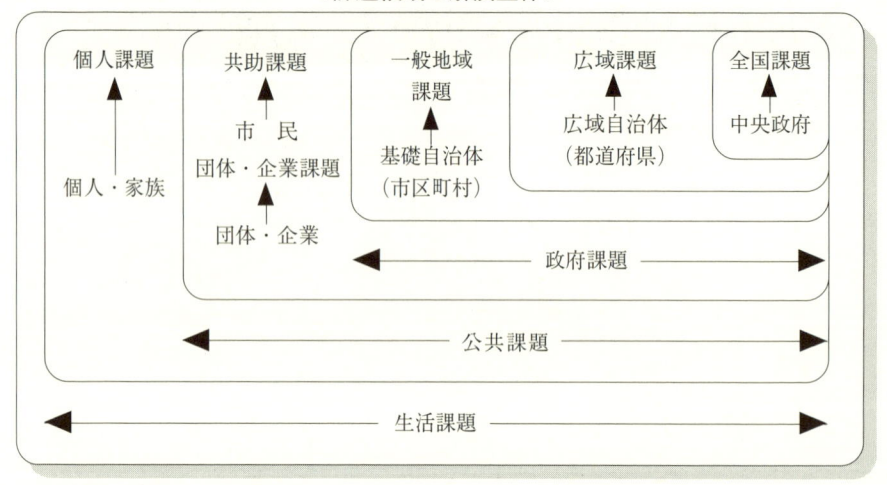

```
個人課題        共助課題      一般地域課題   広域課題    全国課題
  ↑             ↑           ↑          ↑        ↑
個人・家族    市　民      基礎自治体   広域自治体  中央政府
           団体・企業課題  (市区町村)  (都道府県)
              ↑
           団体・企業
```

　　　　　　　　　　　　　◄────── 政府課題 ──────►
　　　　　　　◄────────── 公共課題 ──────────►
◄──────────────── 生活課題 ────────────────►

(2)　スクラップの徹底

　自治体は、既存の施策・事業の徹底した見直しにより、廃止・縮小・統合・転用をふくむスクラップをおこなうべきである。財源のたえざる機動化なくしては、あらたな施策・事業のビルドのみならず、必要とする既存施策の維持すら困難になっていく。

①　スクラップの基準

　スクラップは、次の３つの基準にもとづいておこなう必要がある。
第１　ムダな施策・事業ではないか。
　　ムダ（無駄）とは、必要性がない、あるいは必要度のひくいことをいう。その判断は、個別・具体的に検討することになるが、そのひとつに費用対効果分析がある。費用対効果分析は、事業を実施することによってもたらされる効果（便益）と事業実施にともなう費用を抽出し、比較することによって、事業に投入された費用に見合った効果がえられるかということ（効率性）を評価することによって、ムダかどうかを判断する。

第2　ダブリの施策・事業ではないか。

　　ダブリ（重複）とは、同種・同一の施策・事業が複数おこなわれることをいう。これには、ふたつの場面がある。ひとつは、福祉や住宅などの政策における基礎自治体・広域自治体間におけるダブリの事業であり、ふたつには、同一自治体内における複数部署のダブリの事業である。ダブリの施策・事業は、役割分担や必要性などから判断して統廃合されるべきである。同一自治体内では、講演会・講習会などにこの例がおおい。

第3　スタレの施策・事業になっていないか。

　　スタレ（廃れ）とは、すでに役割を終えたか、あるいは時代おくれになっていることをいう。その時々の必要から実施されるようになった施策・事業も時代の変化にともない各種補助金など役割を終えたものは廃止の対象となる。廃止には、既得権益を主張する者からの強い抵抗もあるが、妥協は許されない。また、小中学校の空き教室などの既存施設は、高齢社会型の施設への転用がはかられなければならない。

② スクラップの対象経費

以下において、主要な経費のスクラップのあり方についてのべる。

ア　職員人件費

　　a　職員数

　　　自治体は、職員の役割の明確化および有能な人材の確保・育成の観点から職員数の純減をおこない、また機構改革をおしすすめ、職員の再編・減員をはかっていかなければならない。職員数の適正水準としては、職員一人あたりの市民数を目安にすべきであるが、その比較のため、都道府県内自治体や類似自治体の一覧表をつくり、これを公開すべきである。

V 政策選択と予算編成

(a) 自治体職員の役割の明確化

自治体職員の基本的な役割は、政策案や計画案づくりをするプランナー、政策実現のいわば仕掛けをするプロデューサーおよび政策実施の総合的な調整をおこなうコーディネーターである。したがって、自治体職員が直接になうべき仕事はこの観点から振り分けて、市民および企業をふくめた民間がになうことによってコスト削減とサービス向上をはかれるものについてはこれに委ねるべきである。

(b) 有能な人材の確保・育成

自治体の政策水準は、政策力をもった職員の層の厚さによってきまる。人材のいる自治体は、質のよい政策を立案し、実施することができる。そのために、職員参加と市民合意にもとづく実効性のある人材の確保・育成計画による人材戦略をたてることが不可欠である。採用時における試験の創意・工夫、採用後における研修および適材適所の配置が重要である。自治体の仕事の高度専門化に対応するために、団体・企業の経験者などの中途採用もおこない、また、法務・財務また福祉・環境・コンピュータ・都市計画などの分野には専門的知識・技術をもった職員を配置する必要性もでてきている。そのため、これらの専門的知識・技術をもった人材の中途採用も不可欠となってきた。また、実力本位の思いきった抜擢人事も積極的におこなっていく必要がある。

■財務人材の養成■

　法務とならんで財務人材の養成・確保が必要・不可欠になっている。法務人材については、政策法務の全国的な定着化ととも、自主研究グループの活動がおこなわれ、職員研修においても系統的・継続的に取り組みがおこなわれてきている。

　ところが、財務人材については、これまで財政・総務を中心とした実務型ないし従来型財務に対応した型職員の養成はおこなわれてきたが、自立した自治体の財務をになうべき人材の養成・確保の取り組みはおくれている。

　21世紀における自治体職員は、前例踏襲・慣例重視・指示まち・横並びなど保守型・体制順応型職員でなく、時代認識をふまえた挑戦・改革にいどむ政策思考型・改革型職員でなければならない。

　また、内容をともなわないでさけびつづけられてきた「意識改革」にとどめることなく、2000年分権改革と財源縮小期という時代状況を認識した「行動改革」として具体的なかたちでしめす職員がもとめられている。

　今日の自治体職員には、身の潔さ（倫理観）、熱い思い（使命感）および暖かい心（人権感覚）という３つの「資質」と政策、法務および財務の３つの「能力」が必要であると考えている。３つの能力は、わがまちに必要な政策を企画・立案し、実施できる「政策能力」、政策を実現するための条例づくりと国法解釈のできる「法務能力」、政策を実現するために予算を編成・執行できる「財務能力」である。自治体職員は、この３つの基本的な能力を身につけ、そのうえで各自が研鑽努力して、それぞれの能力をたかめていく時代にはいっている。

　このような時代における財務人材には、既存の財務の仕組みと限界を理解したうえで、原価計算、財務諸表の作成、負債・資産管理などに関する知識と技術が必須のものとなっている。より専門的には、市民むけ広報、財務会計、企業財務、金融などに関する知識・技術も必要とする。そのために、外部からの人材の採用もふくめて、研修の改革も不可欠である。財務人材の養成・確保は、自治体の緊急課題である。

b　給　与

　職員の給与は、毎月の給料（本給・本俸）および諸手当からなっている。職員の給与は、改定がつみ重ねられ、1970年代までと異なって、現在では毎月の給料だけで一定の生活水準を維持できるようになっている。また、退職後の生活のための年金制度も整備されている。したがって、給料と退職手当・期末勤勉手当などの諸手当をふくめた給与総体のあり方を抜本的に見直す時期にきている。

　見直しにあたっては、以下の点が重要である。

(a)　給与情報の徹底した公開

　　自治体は、地方公務員法の規定にもとづいて給与などの状況について公表しているが、情報公開として十分なものとはいえない。とくに、人事・給与の仕組み・実態が複雑で一般市民にわかりにくい。また、給与の実態などは、行政組織内においても、担当職員以外の一般職員に十分に知らされていない状況も見うけられる。わかりやすいかたちで、しかも不都合と思われる情報であっても、市民・議会への公開の徹底をはかることが不可欠である。

(b)　給料の水準

　　給料については、市民の所得水準や当該自治体内の民間企業労働者の平均賃金との均衡にも配慮していかなければならない。民間企業で先行する成果主義・実績主義の導入もさけてとおれない。昇給制度については、特別昇給や昇給期間の短縮の見直し、高齢層職員に対する昇給のあり方などの見直しが必要である。

　　国（自治省・総務省）は、ラスパイレス指数にもとづいて自治体職員の給与水準の「適正化」をもとめてきている。ラスパイ

レス指数は、国の行政職俸給表（一）の適用職員の俸給額（基本給）を100として自治体の一般行政職の給料額（基本給）の水準をしめすものとされている。この指数は、給料以外の諸手当や技能労務職・教育職などの給料がふくまれていないこと、係長・課長などの役職の違いや小規模自治体の職員構成の偏在が反映されていないことなどの欠点がある。これは、あくまでも給料水準を比較する手法のひとつであって、絶対的なものではない。

(c) 各種手当の廃止

各種手当については、かつて低額な毎月の給料の不足をおぎなう意味もあったが、一定水準の給料が確保されており、その必要性の見直しがおこなわれなければならない。調整手当、扶養手当、住居手当、通勤手当、期末・勤勉手当、時間外勤務手当、特殊勤務手当などの各種の手当は、それぞれの性格がちがう。真に必要とするものについて適正な金額に限定するとともに、すべて市民・議会に公開すべきである。

c 福利厚生費

自治体は、雇用責任者として、職員の保健、元気回復その他厚生事業の計画を樹立し、実施する責任をおっている（地方公務員法42条）。そこで、自治体は、職員の互助組織などをつくって、職員の会費と自治体の一定割合の費用負担によって福利厚生事業をおこなってきている。この互助組織をとおした金銭の給付や物品の支給が給与条例主義の抜け道となっていないか、また税でまかなう性格のものか、といった観点からきびしい点検作業がおこなわれなければならない。これも、市民・議会に公開すべきである。

d　研修費

　　自治体には、前述のような人材がもとめられている。そこで、自治体は、職場における研修の徹底、独自研修の取り組み、外部研修の活用、自治体間交流、大学院・シンクタンクへの研究派遣などあらゆる機会をとらえて、人材を育成しなければならない。

　　研修費が予算消化におわっていないか、また、人材の育成に役だっているか、という観点から点検をおこなったうえで、必要な研修費のだし惜しみをしてはいけない。しかし、内部育成が困難な職種が今後ひろがるので、庁外から熟達した技能をもつ職員の途中採用も不可欠となる。

イ　公債費

　　公債費は、義務的経費として、自治体財政の硬直化をもたらすばかりでなく、次代の納税者市民の負担ともなる。公債費は、地方債の元利償還金であるから、何よりも、あらたな負担となる地方債の新規発行を抑制していかなければならない。地方債の新規発行にあたっては、後年度負担とすることが真に必要かどうかを徹底的に吟味し、道路、橋、学校、ごみ処理施設などの市民生活に必要不可欠であり、しかも次世代も利用し便益をうけることが明らかなものを基本にして、次世代にも一定の負担をもとめることが公平につながるような場合にしぼり込んでいかなければならない。

　　また、既定の公債費については、その負担をできるかぎり早期に軽減するための繰上償還や低利な融資への借換えをおこなうべきである。とくに、今日のひくい利率がたかくなるときには、膨大な金額になるため早期に償還することが急務である。

ウ　民生費

　　「民生費」は、福祉政策に要する諸経費であるが、少子高齢社会にはいり、今後も増大しつづけていく。そのうち、扶助費は、人件

費・公債費とならんで、義務的経費として硬直性のつよい経費である。福祉政策は、総合計画（基本構想・基本計画）のほかに、地域福祉計画や高齢者・障害者・子どもなどに関する福祉計画にもとづいて実施されているが、再度、個別施策の見直しにもとづいた施策の選択・重点化がはかられなければならない。

　たとえば、高齢者関係の個別施策については、人生50・60年時代の発想を切りかえて、人生80年という長寿化、社会保障・福祉サービスの充実、高齢者の経済的・精神的自立などの状況変化をふまえて、自治体が取り組むべき課題であるかどうかの徹底的な見直しをおこない、廃止や転換をおこなう必要があろう。

　また、介護施設や保育所などの福祉施設の設置・運営は、コストやサービス内容からみて、一般的に民間方式が直営方式に勝っている。コスト面から直営方式では可能性のひくかった特別養護老人ホームの設置を社会福祉法人の誘致によって実現した例もある。

エ　委託料

　従来の行財政改革は、主に職員人件費の削減をはかるために、直営方式から委託方式への転換が主流であった。委託方式は、予算上では、義務的経費である「人件費」からその他の経費である物件費のなかの「委託料」にうつるが、その場合における直営と委託との間の原価計算の公開が不可欠である。さらに、委託料にふくまれる従業員の賃金やサービス水準の維持についても十分に考慮されなければならない。

　また、委託料に関連して、街路や公園・遊び場などの清掃・低木の剪定などについては、高齢者クラブなどの地域組織によっておこなうこともできる。また、深刻なゴミ問題については、可燃・不燃、資源・有害などの分別や資源ごみの回収などで市民が対応することも可能である。

オ　補助金

　自治体は、「公益上必要ある場合」（地方自治法232条の2）として、地域内の各種団体などに対して一般財源をつかって補助金を交付している。この補助金については、既得権化しやすいが、その必要性や効果について、市民参加方式で点検・検証して、思いきった廃止・縮小をする必要がある。そもそも、何をもって「公益上必要ある場合」とするのか、裁量の幅はおおきいので、その基準とルールをつくり、公平・公正性と透明性をはかる必要がある。そこで、補助金交付の基準を規則で明確化するとともに、市民をふくめた第三者的機関をもうけて、個別補助金の必要性・優先度、補助期限などの審査をへるようにすべきである。

カ　公共施設の維持補修費

　自治体は、税の自然増収や公営競技の収益などによって、ハコモノといわれる大小の公共施設を整備してきた。これらの公共施設が一斉に老朽化し、改築・改修の時期にさしかかっている。そこで、施設の廃止・縮小・機能転換、民間施設での代替、市民・地域団体の自主管理・運営などのあらゆる可能な方法を検討し、適正配置に配慮した施設の統廃合をふくめた更新計画・保全計画を策定しなければならない。

　また、改築・改修には多額の財源を必要とすることになるので、基金の積立ても必要である。

キ　特別会計への繰出金

　特別会計は、法定の公費負担分をのぞいて、受益者負担の原則にもとづき独立採算により運営されるのが本来のあり方である。ところが、特別会計のなかには、たとえば、国民健康保険事業特別会計に典型的にあらわれているように赤字穴うめなどのために自治体が一般会計から法定負担をこえる多額の繰出しをおこなっている。こ

れが、自治体の財政悪化の一要因にもなっている。このような特別会計については、県段階への事業移管も課題であるが、受益者負担原則にもとづく独立採算の考え方を徹底し、一般会計からの繰出金を抑制していく必要がある。また、一般会計との連結財務指標の作成・公開が不可欠になっている。

ク　外郭団体の統廃合

外郭団体は、自治体組織の外部にあって、自治体組織と連携をたもちながら、自治体の活動・事業をたすける団体とされている。その形態は、地方住宅公社、土地開発公社などのように特別の法律にもとづいて設立されるもののほか、財団・社団法人、株式会社、さらに法人格をもたない団体など多様である。自治体は、これらの団体に出資・出えんや補助金の交付などの財政的援助をおこない、役職員の派遣や退職職員の天下り先としているが、市民の監視の目が届きにくい。そこで、人事面においても、適切な基準をもうけ、その運用の実態を公開すべきである。

a　第三セクター

自治体は、民間の経営能力と資金の活用をはかるため、みずからも出資・出えんして、社団・財団法人、株式会社など第三セクターを設立してきた。第三セクターの設立の背景には、自治体独自の必要性だけでなく、かつてのバブル景気への甘い期待と国の無責任な計画の押しつけもあった。このため、その後のバブル崩壊・景気低迷のなかで、赤字をかかえて経営難におちいり、あるいは倒産するところさえもでてきた。第三セクターについては、出資団体の役割分担・責任の不明確さ、自治体の必要以上の資金負担、支払債務保証、首脳陣の経営能力と出向スタッフの主体的・積極的な取り組みの欠如などが問題とされてきた。自治体が参入すべき事業分野なのか、参入する場合の役割分担・責任範囲

はどこまでなのか、企業ノウハウをいかせるのかなどの諸点から、その存廃をふくめた整理・見直しが必要である。また、一般会計・特別会計との連結財務指標の作成・公開が不可欠である。

 b 土地開発公社

  土地開発公社については、公共用地の先行取得として高度経済成長期やバブル期に購入したが、未使用のまま「塩漬け」になっている土地もある。現在、おお幅に価格の下落した土地もあるが、購入借入金の元金・利子を返済していかなければならず、最終的な責任は自治体がおわなければならない。まず、公社の経営・財務情報の一般市民への公開の徹底がおこなわれるべきである。また、土地開発公社は、土地インフレ時代に導入されたものであるが、導入当初とは経済社会状況がおおきく変わっていることをふまえると存続の理由はなくなっているのではないか。

ケ 広域行政組織

  自治体は、広域行政に対応するために、自治体相互の協力組織として、一部事務組合、広域連合などを必要に応じてつくり、共同事業をおこなってきている。これらの組織・団体は、構成自治体の負担金・分賦金によってその経費がまかなわれている。既存の広域行政組織についても、事業の見直しとともに、廃止・統合・再編への取り組みが必要になってきている。任意の協議会などの柔軟な連携協力方法は活用されてよい。

(3) 財源の確保

① 自主課税権の活用

 税源を拡充するために、自主課税権の活用による法定外普通税・法定外目的税の導入を検討すべきであろう。だが、その税源には、おおくの

Ⅴ　政策選択と予算編成

税収を期待できないが、環境・ごみ減量などの政策目的を実現する有効な手段となりうる。

　また、非正規雇用の増大などの就労構造や少子高齢・人口減少などの社会構造の変化にともなう税収構造への影響と地方税収入の予測の調査研究も必要であろう。

② *受益者負担の適正化*

　使用料・手数料などの受益者負担については、原価計算、事業採算を公開したうえで、その適正化がはかられなければならない。この場合に、行政サービスはすべて無料であるとの考え方をあらためる必要があろう。そのうえで、低所得者への減免が考慮されるべきだが、ひろくみとめられている減免制度も公益性の観点から真に必要とするものに限定すべきである。

　受益者負担に関連して、保育需要の増大にともない、その財源のひとつとして保育料の値上げが課題となる。保育料の適正水準は、子育ての社会化、自治体の負担能力、納税市民の理解、子ども・保護者がうける利益、保護者の負担能力など総合的に検討をくわえて決定すべきである。なお、保育料は、児童福祉法56条３項にもとづく特別の負担金であるとされ、その徴収権限は長にあることから、規則でさだめているのが一般的であるが、保護者に負担を課すものであることなどから、条例によってさだめるべきであろう。

③ *積立金の積み増し*

　自治体は、1990年度以降、地方税の減収を補うために、それまでに積みたててきた各種基金をとり崩して、予算編成をおこなってきた。その結果、おおくの自治体では、基金残高が減少し、柔軟な自治体経営に支障を生じかねない状況に立ちいたっている。今後、公債費の償還や老朽

V　政策選択と予算編成

化した公共施設の更新・保全などに膨大の経費を必要とし、その備えもしなければならないので、基金の計画的な積み増しをする必要もある。

予算執行の段階においても、ムダを省き、残額を出して、積み立てにまわすようにしたい。

> ■積立金の目的と種類■
> (1)　積立金の目的
> 　積立金は、通常、計画的な財政運営や特定の支出目的のために、年度間の財源変動にそなえて、財政規模および税収その他の歳入の状況に応じ積み立てる金銭をいい、地方自治法上は基金とされているものである。基金は、特定の目的のために、財産を維持し、資金を積み立て、または定額の資金を運用するためにもうけるものである（地方自治法241条1項）。基金には、歳出予算の節の区分のうち「積立金」から支出される経費があてられる。基金の運用から生じる収益や基金の管理に要する経費などは、毎会計年度の歳入歳出予算に計上しなければならない。
> (2)　積立金の種類
> 　基金には、以下にのべる3つの種類がある。
> 　①　財政調整基金
> 　　　財政調整基金は、年度間の財源の不均衡を調整するための積立金である。自治体は、単年度の収支の均衡だけでなく、長期的な観点に立って後年度への影響についても十分に配慮して財務運営にあたっていかなければならないが、現実において、自治体の収入は、経済情勢の変化にともない変動する。自治体は、税収のおち込みがあっても行政サービスの低下をきたさないようにし、逆に増収があっても後年度の財政負担に影響をおよぼすような支出をしてはならない。このために、ある年度に余裕財源が生じた場合には、積み立てなどの財源にあてるべきものとされている（地方財政法4条の3）。この積立金は、経済事情のいちじるしい変動などにより財源がいちじるしく不足する場合の不足額をうめるための財源、災害により生じた経費の財源、災害により生じた減収をうめるための財源、償還期限くりあげの地方債の償還財源など

特別の場合にかぎり、処分することができる（地方財政法4条の4）。
② 減債基金
　減債基金は、通常、毎年、一定の基準で資金を積み立て、地方債の元利償還の財源を確保するために設置される。この基金の設置により、地方債償還の資金負担の平準化をはかるとともに、償還財源の存在によって信用力を維持することもできる。各会計年度において決算上剰余金を生じたときは、条例のさだめるところにより、または議会の議決により、剰余金の全部または一部を基金に編入することができ（地方自治法233条の2ただし書）、また、当該剰余金のうち2分の1を下らない金額を剰余金が生じた翌翌年度までに積み立て、または償還期限くりあげの地方債の償還財源にあてなければならない（地方財政法7条1項）。自治体は、この規定にもとづき減債基金または財政調整基金の積み立てをおこなっている。
③ 特定目的基金
　特定目的基金は、公共用・公用施設の建設など特定目的のために設置される。特定目的基金には、当該目的のために元本をとり崩すものと、基金から生ずる収益（果実）を特定目的のために活用するものとがある。元本取崩型基金は、たとえば「庁舎建設基金」や「公共施設整備基金」などのように、基金の原資（元本）を基金の設置目的を実現するためにとり崩すことが予定されているタイプである。果実運用型基金は、原資（元本）をとり崩すことなく、そこから生じた果実（運用益である利息）のみをもって基金の設置目的を実現することが予定されたタイプである。

④　公営競技の見直し

　公営競技（競馬、競輪、競艇およびオートレース）は、売り上げの減少から収益がおち込み、事業から撤退する自治体もでている。事業を継続する場合にも、その収益の一般会計への繰入れを期待できる状況にない。当面、経営改善を可能なかぎりおこなうとしても、今後のきびしい見通

しをもとに、従業員の配置などの条件整備をはかりながら、時期を失しないで、事業そのものの廃止を決断すべきであろう。

2　予算編成手法の改革

(1)　自治体計画との連動

予算は、自治体運営の核心となるべき基本構想・基本計画を中心とした自治体計画に連動したものでなければならない。財源縮小傾向のもとで、自治体経営を持続可能なものとしていくためには、自治体計画が財源の見通しをもったものであるとともに、予算が自治体計画にもとづいたものであることを重視して、単年度ごとのいわば思いつき予算編成はさけなければならない。

今日では、自治体計画自体がスクラップ・アンド・ビルドにもとづいた政策・組織・職員の再編による選択と重点化をはかったものであるとともに、予算編成時において、再度、政策の選択と重点化が吟味されなければならない。さらに、自治体計画にあわせた複数年度予算の考え方も組みこんでいくことも必要になる。

(2)　施策根拠の明示

予算化しようとする事業については、その実施根拠となる法令、条例・規則（案）あるいは要綱（案）を提示させるようにすべきである。さらに、原価計算と事業採算を明らかにした統一シートの作成も必要である。自治体は、「根拠」にもとづく行政をおこなうとともに、市民への説明責任をはたすために、このような根拠の提示がない場合には、予算要求をみとめないことを原則とすべきであろう。

(3) 枠配分方式の導入

近年、枠配分方式の導入などによって予算編成方法の改革がおこなわれるようになっている。枠配分方式は、従来の積み上げ方式や増分主義での予算編成の方法にかえて、各部門にあらかじめ一定の予算枠を配分し、その範囲内で各部門の主体的判断による予算編成をおこなわせるものである。枠配分方式の導入は、単なる事務の簡素化や財政部門の負担軽減でおわらせてはならず、庁内分権化をともなった組織機構の改革を必要とする。また、予算の枠配分方式にあわせて、事業所管課における経費の節減努力の結果は、次年度予算に加算するなどの方法もとりいれていくべきであろう。

(4) 事業別予算書の作成

現行法による款項目節別の予算書では、事業ごとの人件費をふくめたコストと採算があきらかにならならない。これでは、事業主管部門や予算担当部門など予算編成にたずさわった一部の職員をのぞいて、市民のみならず、自治体の職員までもが個別事業の内容を把握することができない。個別事業の必要性や優先度などを判断するためにも、款項目節別の予算書にあわせて、一般市民にも個別事業の内容が一見してわかるよう、人件費をふくめたコストと事業採算をのせた事業別予算書の作成と公開が必要とされてきている。

(5) 予算科目の名称変更

歳入歳出予算で使用されている款項目の予算科目の名称は、国の法令の自治解釈・運用によって、時代に見合った、わかりやすいものにすることができる。前述のように、歳出予算の節の区分についてだけは、「別記のとおり定めなければならない。」（地方自治法施行規則15条2項）として「義務」規定となっているが、その他の歳入歳出予算の款項目の区分

および歳入予算の節の区分は「別記のとおりとする。」(同規則15条1項)として、「基準」規定である。したがって、自治体の法の解釈運用によって自治体計画に合わせた独自の名称にすることができる。現に、「民生費」にかえて「福祉費」、「老人福祉費」にかえて「高齢者福祉費」としている自治体もある。

VI　予算の執行

議会の議決をへて成立した予算は、長の権限と責任のもとに執行される。予算の執行とは、予算の定めにもとづく、歳入の調定・納入の通知、金銭の収納・支出、地方税などの賦課・徴収、負担金・手数料・使用料の徴収、地方債の発行、一時借入金の借り入れ、支出負担行為・支出命令などの行為をいう。

1　公金の取扱い

(1)　出納整理期間

自治体の出納は、翌年度の5月31日をもって閉鎖される。すなわち、翌年度の4月1日から5月31日までの2か月間を出納整理期間とし、その終期である5月31日を出納閉鎖期日としている。この出納整理期間は、前会計年度末までに確定した債権債務について所定の手続を完了し、現金の未収・未払いの整理のみをおこなうためにもうけられている。出納期間閉鎖後の収入・支出（過年度収入・過年度支出）は、現年度の歳入・歳出としなければならない。

(2)　指定金融機関

市町村は、議会の議決をへて、ひとつの金融機関を指定（指定金融機関）して、市町村の公金の収納・支払の事務をとり扱わせることができる。都道府県は、議会の議決をへてひとつの金融機関を指定して、都道府県の公金の収納・支払いの事務をとり扱わせなければならない。自治体の長は、必要があるとみとめるときは、指定金融機関をして、そのとり扱う収納・支払いの事務の一部または収納の事務の一部を自治体の長

が指定する金融機関（指定代理金融機関）にとり扱わせることができる。指定金融機関は、縁故債（自治体と特定の金融機関との間の相対取引による地方債）の借入先としてもおおきな比重をしめている。

　指定金融機関の指定については、その経緯や基準に関する情報を市民に公開する必要がある。

(3) 現金・有価証券の保管

　会計管理者は、自治体の歳入歳出に属する現金（歳計現金）を指定金融機関その他の確実な金融機関への預金その他の最も確実かつ有利な方法によって保管しなければならない。また、自治体は、その所有に属しない現金・有価証券を債権の担保としているもののほか、法律・政令の規定によるものでなければ保管することができない。また、自治体が保管する自治体の所有に属さない現金（歳入歳出外現金—職員の給与の所得税を源泉徴収し、税務署に納付するまで保管する現金など）には、法令・契約に特別の定めがあるものをのぞいて、利子を付さない。

　自治体は、これらの定めにしたがって、現金・有価証券を適切に保管しなければならない。

(4) 収　入

　収入とは、予算の執行過程で財源となるべき現金や証券を個々に収納することである。自治体の収入の対象となるものには、地方税、分担金、使用料、手数料、地方債収入、地方交付税、地方譲与税、国庫支出金などがある。自治体が歳入を収入するときは、歳入の調定をおこない、納入義務者に対して納入の通知をしなければならない。歳入の調定とは、自治体の長がその徴収すべき金額を決定する行為で、徴収に関する自治体の内部的意思決定である。納入の通知は、地方交付税、地方譲与税、補助金、地方債などその性質上必要としない歳入をのぞいておこなう。

自治体の長は、分担金、使用料、手数料などの歳入を納期限までに納付しない者があるときは、期限を指定して督促しなければならない。督促をうけた者が指定期限までにその納付すべき金額を納付しないときは地方税の滞納処分の例によって強制徴収することもできる。

自治体は、確実な収入の確保や市民負担の公平性などの観点から納付体制を強化していかなければならないが、今後、格差の拡大とあいまって、この論点がきびしくなることを覚悟しなければならない。

(5) 支　出

① 支出負担行為

支出負担行為とは、支出の原因となるべき契約その他の行為をいう。具体的には、次のような行為である。
○私法上の債務を負担する行為⇒工事の請負契約や備品・消耗品などの購入契約など
○公法上の債務を負担する行為⇒各種団体への補助金の交付決定、職員給与その他の給付の支出決定行為など

支出負担行為は、その内容においても、その手続においても、法令または予算のさだめるところにしたがっておこなわなければならない。

② 支出の方法

会計管理者は、自治体の長の命令がなければ支出することができないが、支出命令をうけた場合には、支出負担行為が法令・予算に違反していないことおよび支出負担行為にかかる債務が確定していることを確認したうえでなければ、支出することができない。また、自治体は、債権者のためでなければ、支出をすることができないが、資金前渡、概算払、前金払、口座振替などの方法によってすることができる。資金前渡、概

算払および前金払については、事後の清算処理が適正におこなわれなければならない。口座振替については、確実な支出方法としてひろく活用すべきである。

③　予算の流用

　歳出予算の経費の金額は、各款の間において相互に流用することができないが、各項の経費の金額は、予算の執行上必要がある場合に限り、予算のさだめるところにより、これを流用することができる。目・節は、いわゆる執行科目として、自治体の長が予算を執行するためにもうけられた科目であるから、自治体の長の権限で流用することができる。しかし、予算の流用により生じさせた経費を議会の否決した費途にあてることについては、禁止規定はないが、議会による予算議決権を重視し、許されないものと考えるべきである（東京高裁平成16年12月21日判決）。

(6)　公金取扱いの改革

①　税収の確保

　税収については、税負担の公平性の観点からも、滞納税をへらし、税の納付率をたかめることが課題である。これについては、コンビニエンスストアなどにおける納付窓口の拡大と公開された滞納税の収納体制（全職員による訪問徴収や市町村・都道府県間の連携など）の強化がはかられなければならない。

②　経費の節減

　自治体の予算は、家計と違って計上された予算を使い切ることだといわれた時代があった。しかし、財源縮小傾向の時代にあっては、使い切り予算の考え方とは決別しなければならない。予算編成における厳密な

見積りとともに、予算執行の段階においても、徹底した経費の削減・節約がおこなわれなければならない。そこで、予算の執行率については、その高低だけでなく、節減の内容をみていかなければならない。また、決算における「不用額」についても、額の多少だけでなく、執行率と同様に、節減の内容もみていかなければならない。また、インフレ期とデフレ期では、物価の上昇と下落を生じるので、その違いにもとづいた原価計算をおこない、公開する必要もある。

③ <u>公会計の整備</u>

　現行の単式簿記・現金主義による官庁会計方式には、ストック情報やコスト情報の不足などの欠点があり、これでは自治体のすべての負債や赤字の状況を市民のみならず、長・職員・議員も知りようがない。そこで、発生主義の活用と複式簿記の考え方を導入して、バランスシートや行政コスト計算書などの財務諸表を整備し、公開していく必要がある。しかも、財務諸表は、わが自治体の経営状況全体がわかるように、一般会計と特別会計だけでなく、自治体が金銭的なかかわりをもつ第三セクター・外郭団体の会計と連結したものでなければならない。財務諸表の作成については、総務省方式がしめされているが、東京都においては、新しい方式を考案し、導入している（参考⇒「東京都の新たな公会計制度」平成17年8月・東京都）。これらを参考にしながら、それぞれの自治体が十分に活用できるような財務諸表を独自かつ自由に工夫する必要がある。

　なお、連結財務指標については、おくればせながら地方財政健全化法の制定によって、作成・公表がおこなわれることになった。この点については、後述する。

2 自治体の契約

(1) 契約の性質

　私法上、契約とは、互いに対立する複数の意思表示（原則として「申込み」と「承諾」）の合致によって成立する法律行為をいう。自治体も売買、貸借、請負その他の契約を締結するが、これは、自治体が私人と同じ立場で締結するもので、原則として民法その他の私法が適用される。だが、自治体が締結する契約は、公金の支出の原因となる支出負担行為の典型であり、その方法について、地方自治法・同法施行令に詳細に規定され、さらに各自治体の契約事務規則に細部の手続がさだめられている。なお、自治体が締結する契約のうち、種類・金額について政令でさだめる基準（工事・製造の請負契約について、予定価格の金額が都道府県5億円、指定都市3億円、市1億5千万円、町村5千万円）にしたがい条例でさだめる契約を締結するには、議会の議決を必要とする。

(2) 契約の方法

　自治体が締結する契約には、一般競争入札、指名競争入札、随意契約およびせり売りの4つの方法がある。このうち、一般競争入札が原則的な方法であり、他の3つの方法は、特定の場合に限りおこなわれる例外的なものである。

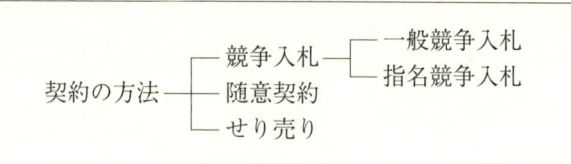

```
契約の方法 ─┬─ 競争入札 ─┬─ 一般競争入札
           │             └─ 指名競争入札
           ├─ 随意契約
           └─ せり売り
```

① 競争入札

競争入札（単に「入札」ともいう）は、多数人の競争により最も有利な内容を提供する者を相手方として契約しようとする場合に、競争の参加者に文書で契約の内容を表示させる方法である。競争入札には、一般競争入札および指名競争入札がある。

競争入札では、予定価格（契約金額を決定する基準としてあらかじめ作成する価格）の制限範囲内の価格で最高または最低の価格をもって申込みをした者を契約の相手方とする。ただし、工事・製造の請負契約においては、あらかじめ最低制限価格をもうけて、予定価格の制限範囲内の価格で最低制限価格以上の価格をもって申込みをした者のうち、最低の価格の申込みをした者を契約の相手方とすることができる（最低制限価格制度）。

予定価格は、適正な競争が制限されるなどの理由で公表されていなかったが、近年になって、透明・公正な契約の確保や不正行為の防止のために事前公表がおこなわれるようになっている。

ア 一般競争入札

一般競争入札は、一定の資格を有する不特定多数の者に入札の方法によって競争させる方法である。資格に関しては、契約締結能力のない者や公正な競争入札の執行を妨げた者などの参加制限がある。また、事業の実績・従業員数・資本額その他の経営の規模・状況を要件とすることや事業所の所在地・契約の工事などの経験・技術的適性の有無などをさだめることもできる。

一般競争入札は、契約手続に日時と経費を要し、不誠実な者の参加や確実な契約の履行に不安があるが、契約の相手方の選定が公正におこなわれ、競争性が最もたかい方法である。

一般競争入札は、入札の公告にはじまり、契約の締結で終了する。

<一般競争入札の手続>

公告 → 入札保証金 → 入　札 → 開　札 → 落　札 → 契約の締結

　入札の公告（ある事項をひろく一般に知らせること）は、入札参加者に必要な資格、入札の場所・日時その他入札について必要な事項について公報への掲載や所定の掲示場に掲示することなどによっておこなわれる。この公告は、申込みの誘引にあたる。

　入札保証金は、入札に参加しようとする者が当該自治体の規則でさだめる率・額を納め、納付させた入札保証金（納付にかえて提供された担保をふくむ）は、落札者が契約を締結しないときに、入札先の自治体に帰属する。

　入札は、入札書（電子入札案件については、入札書に記載すべき事項を記録した電磁的記録）を入札の公告にさだめられた日時・場所・方法にしたがって提出する。入札書の開札は、入札場所において、入札の終了後ただちに、入札者を立ち合わせておこなわれる。開札の結果、予定価格の制限の範囲内の価格で入札がないときは、ただちに、再度の入札をすることができる。

　入札で最も有利な条件を提供した者が契約の相手方として決定される。この決定行為が落札である。入札が申し込み、落札が承諾にあたり、両者の合致により契約が成立することになる。契約書を作成する契約は、自治体の長またはその委任をうけた者が相手方とともに、契約書に記名押印することによって確定する。また、契約につき電磁的記録を作成する場合においては、契約内容を記録した電磁的記録に自治体の長またはその委任をうけた者と契約の相手方とで作成したものであることを確実にしめすことができる措置を講ずることによって確定する。

イ　指名競争入札

　指名競争入札は、資力・信用などが適当であるとみとめられる特定多数の者を選んで指名し、入札の方法によって競争させる方法である。指名競争入札によることができる場合は、工事請負などの契約でその性質・目的が一般競争入札に適しないとき、その性質・目的により競争参加者が一般競争に付する必要がないとみとめられる程度に少数であるとき、または一般競争入札に付すことが不利とみとめられるときに限定される。

　指名競争入札の参加資格として、工事請負、物件買入れなどの契約の種類・金額に応じ、工事・販売などの実績、従業員数、資本額その他の経営の規模・状況について要件をあらかじめさだめて、公示する。

　自治体の長は、入札参加資格を有する者のうちから、参加させる者を指名し、その者に入札の場所・日時その他入札について必要な事項を通知する。指名競争入札の参加者の指名にあたっては、厳正・公平に指名業者を選定するために、通常、行政内部に副市町村長・部長職者などで組織される指名競争入札業者選定委員会などが設置されている。

　入札保証金については、一般競争入札と同じである。

　指名競争入札は、発注者である自治体が受注希望の事業者の能力・信用などを指名の段階で判断して、これに疑いのある者をあらかじめ排除することができること、契約手続に日数を要しないことなどの利点がある。しかし、指名競争入札にできる場合の解釈の幅がひろいこと、指名の際に発注者側に恣意的な判断がはいりやすいこと、指名参加業者間の談合などにより不当にたかい入札価格がきめられることなどの欠点があり、汚職にむすびつきやすい。

② 随意契約

　随意契約は、競争の方法によらないで、任意に選んだ特定の者と契約を締結する方法である。随意契約によることができる場合は、予定価格が少額であるとき、競争入札に適しないとき、福祉施設・組織の製作品の買入れや役務の提供をうけるとき、緊急に必要なとき、競争入札で入札者がないとき、競争入札で落札者が契約を締結しないときなどに該当するときに限られる。

　随意契約による締結方法は、特定の事業者を指定して契約を締結する方式（特命随契・業者指定契約）、予定価格が少額の場合に二者以上から見積書を徴取して契約の相手方をきめる方式（少額随契）および競争入札で入札者がなく、また落札者が契約を締結しない場合の契約の締結（不落随契）の3つにわけることができる。

　随意契約は、契約手続がもっとも簡易な方法である。しかし、特命随契で受注者の選定に恣意的判断がはいりやすいこと、少額契約で分割などの操作がおこなわれること、不当にたかい契約額になりやすいことなどの欠点があり、この方法でも汚職がおきやすい。

③ せり売り

　せり売りは、口頭または挙動によって、金額を公開しながら最も有利な価格を申し出た者と契約を締結する方法である。せり売りは、動産の売払いで契約の性質がせり売りに適している場合に限ってすることができる。自治体でせり売りの方法がとられる場合はすくなく、地方税などの滞納者から差し押さえた動産を換価処分する場合などにおこなわれる。

(3) 長期継続契約

　自治体は、債務負担行為として予算にさだめないで、翌年度以降にわ

たり、電気・ガス・水の供給や電気通信の役務の提供をうけ、または不動産を借りるための契約を締結することができる。この契約を締結した場合においては、各年度における経費の予算の範囲内においてその給付をうけなければならない。長期継続契約の締結は、自治体の長かぎりでおこなうことができ、契約締結の単年度主義の特例である。

(4) 契約の履行の確保

① 監督・検査
　自治体が工事・製造その他についての請負契約や物品の買入れその他の契約を締結した場合においては、その自治体の職員は、契約の適正な履行の確保・給付の完了の確認をするため必要な監督・検査をしなければならない。監督は、立会い、指示その他の方法により、検査は、契約書、仕様書・設計書その他の関係書類にもとづいておこなわれる。自治体の長は、とくに専門的な知識・技能を必要とすることその他の理由によりその自治体の職員によって監督・検査をおこなうことが困難か適当でないとみとめられるときは、その自治体の職員以外の者に委託して監督・検査をおこなわせることができる。
　監督・検査は、事後に判明することのおおい「手抜き工事」などがおこなわれないよう厳正・厳格なものでなければならない。

② 契約保証金
　自治体は、契約を締結する相手方に自治体の規則でさだめる率・額の契約保証金を納めさせなければならない。契約保証金の納付は、国債、地方債その他自治体の長が確実とみとめる担保の提供をもってかえることができる。納付させた契約保証金（契約保証金にかえて提供された担保をふくむ）は、契約の相手方が契約上の義務を履行しないときは、契約先

の自治体に帰属する。ただし、損害賠償または違約金について契約で別の定めをしたときは、その定めにしたがう。

(5) 入札・契約改革

　自治体の入札・契約をめぐっては、不明朗・不正な契約手続、契約情報の漏洩や談合などの違法行為によって公金のムダづかいがあとを絶たない状況にある。

　そのため、自治体の入札・契約制度については、透明性・公正性を向上させること、競争性をたかめること、不正行為を防止することなどの改革が緊急課題となっている。

　入札・契約制度の改革は、例外的な契約方法の厳格な適用と一般競争入札の適用範囲の拡大、条件付一般競争入札・公募型指名競争入札の導入、郵便入札・電子入札の導入、入札情報の事前・事後の公表、入札評価・監視のための第三者機関の設置、総合評価方式の導入、プロポーザル方式の実施など多方面にわたる。あわせて、納税者からの住民監査請求・住民訴訟をまつまでもなく、自治体は、不正をおこなった契約の相手方に対して損害賠償をもとめる訴訟をおこなうきびしい姿勢でのぞむ必要がある。

　なお、地域内事業者の優先発注などの悩ましい問題についても、契約手続の透明性・公平性や公金の効率的使用などの観点をふまえて、適切に対応しなければならない。

　また、入札・契約に関連して、公共施設などの建設・維持管理・運営などを民間の資金・経営能力・技術的能力を活用するＰＦＩ（プライベート・ファイナンス・イニシアティブ）方式、民・官が対等な立場で競争入札に参加し、価格・質の両面で最もすぐれた者が公共サービスを提供する市場化テスト、公の施設の管理・運営に関する指定管理者制度などについても十分に検討したうえで活用されるべきであろう。

3　自治体の財産

(1)　財産の種類

自治体の所有する財産は、公有財産、物品、債権および基金の4種に区分される。

<財産の分類>

```
                  ┌─ 公有財産 ─┬─ 行政財産 ─┬─ 公用財産
                  │            │            └─ 公共用財産
         財　産 ──┤            └─ 普通財産
                  ├─ 物　品
                  ├─ 債　権
                  └─ 基　金
```

①　公有財産

公有財産とは、自治体の所有に属する財産のうち不動産、船舶・航空機、地上権・地役権・特許権・著作権・商標権・実用新案権、株式・社債、地方債・国債、出資による権利、財産の信託の受益権などをいう。

公有財産は、行政財産と普通財産とに分類される。行政財産は、さらに自治体が公用に供し・供することを決定した財産すなわち事務事業をおこなうため直接使用することを本来の目的とする公用財産（庁舎、町村役場、研究所など）と公共用に供し、供することを決定した財産すなわち地域の人びとの一般的な共同の利用に供することを本来の目的とした公共用財産（道路、公園、学校、図書館、保育園、特別養護老人ホームなどの敷地・建物などで、自治体が設置したものに限る）にわけられる。このうち公共用財産は、公の施設（住民の福祉を増進する目的をもってその利用に供するための施設。地方自治法244条以下）を構成する物的要素である場合がおおい。普通財産は、行政財産以外の一切の財産である。

② 物　品

　物品とは、自治体の所有に属する動産で現金・公有財産に属するもの・基金に属するもの以外のものおよび自治体が使用するために保管する動産をいう。

③ 債　権

　債権とは、金銭の給付を目的とする自治体の権利をいう。自治体の長は、債権について、その督促、強制執行その他の保全・取り立てに関し必要な措置をとらなければならない。

④ 基　金

　基金とは、条例のさだめるところにより、特定の目的のために財産を維持し、資金を積み立て、または定額の資金を運用するためにもうけたものをいう。基金は、条例でさだめる特定の目的に応じ、確実かつ効率的に運用しなければならない。また、特定の目的のために財産を取得し、または資金を積み立てるための基金については、その目的のためでなければ処分することができない。基金の運用から生ずる収益および基金の管理に関する経費は、それぞれ毎会計年度の歳入歳出予算に計上しなければならない。

(2) 公有財産の管理・処分

① 行政財産の管理・処分

　行政財産は、原則として、これを貸し付け、交換し、売り払い、譲与し、出資の目的とし、信託し、これに私権を設定することができない。これに違反する行為は、無効である。ただし、行政財産は、その用途・目的を妨げない限度において、その使用を許可することができる（例：

庁舎や公の施設内の食堂・売店・自動販売機の設置など)。また、2006年の地方自治法の改正により、行政財産としての用途・目的を妨げない限度において、一定の場合に土地・建物などを貸し付け、または土地に地上権・地役権を設定することができるようになった。

② *普通財産の管理・処分*

普通財産については、本来、私法の適用をうけるので、これを貸し付け、交換し、売り払い、譲与し、出資の目的とし、これに私権を設定することができる。

また、普通財産である土地については、当該自治体を受益者として、信託された土地に建物を建設し、または信託された土地を造成し、かつ、その土地の管理・処分をおこなうことを目的に信託することができる。

③ *長の総合調整権*

自治体の長は、自治体の委員会・委員などに対して、公有財産の取得・管理について報告をもとめ、実地調査し、必要な処置をもとめることができる。一方、自治体の委員会・委員などは、公有財産の取得や行政財産の用途変更などをするには、あらかじめ当該自治体の長に協議しなければならない。また、用途を廃止した行政財産については、ただちにこれを当該自治体の長に引き継がなければならない。

(3) 資産管理の改革

自治体は、当該自治体の財産管理規則により、「財産台帳」を整備することとされ、毎年度の決算では「財産に関する調書」を作成し、議会に提出している。ところが、この台帳や調書が実態に即して正確に整備・作成されているのだろうか。複式簿記方式をめぐる公会計の整備と

Ⅵ 予算の執行

ともに、資産の実態把握と管理状況を点検して、財産台帳を再整備し、資産の適正な管理をすすめて、資産の有効活用や未利用の財産の売却をはかるべきである。この場合に、行政財産のままで貸し付けなどをおこなえる地方自治法の改正規定にもとづき土地・建物の有効活用をはかることもでき、また未利用の行政財産については、普通財産へ用途変更し、売却することができる。

　整備された財産台帳は、財産に関する調書および財務諸表とあわせて、一般市民へ公開されなければならない。

Ⅶ　地方公営企業

1　地方公営企業部門

　地方公営企業は、自治体が市民の生活の安定・向上をはかるために経営する企業である。これには、水道事業、交通事業、電気事業、ガス事業、港湾整備事業、病院事業、観光施設事業、宅地造成事業、公共下水道事業などの13部門がある。地方公営企業の組織・財務・職員その他企業経営の根本基準などに関しては、地方公営企業法にさだめられているが、すべての地方公営企業が一律に同法の適用をうけるものではない。地方公営企業法が適用される企業（法適用企業）として、同法の全規定が適用される企業（法定企業）、一部の規定が適用される企業（一部適用企業）および条例によってその規定が適用される企業（条例適用企業）の3つの企業群にわけられる（地方公営企業法2条）。それ以外の地方公営企業には、同法が適用されない（法非適用企業）。

　地方公営企業の事業数は、2002年度の12,613をピークに2006年度で9,371に減少し、また、料金収入の減少、多額の企業債現在高、他会計繰入金などできびしい経営状況におかれている（平成20年版〔平成18年度決算〕地方財政白書・総務省編）。

<地方公営企業>

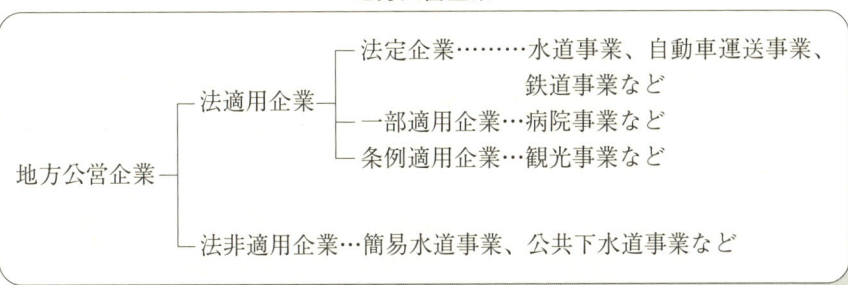

```
地方公営企業 ─┬─ 法適用企業 ─┬─ 法定企業………水道事業、自動車運送事業、
              │              │                鉄道事業など
              │              ├─ 一部適用企業…病院事業など
              │              └─ 条例適用企業…観光事業など
              └─ 法非適用企業…簡易水道事業、公共下水道事業など
```

2　地方公営企業の経営原則

　地方公営企業には、経済性の発揮および公共性の追求という2つの基本的な経営原則がある。この2つの経営原則は、一見、矛盾するが、公共性の追求は、公営企業に課せられた役割で、私企業と区別される点である。

　経済性の発揮は、地方公営企業の経営に要する経費がその受益者が対価として支払う料金によって賄われるという、「独立採算制」が前提となる。独立採算制、さらにその公開によって、企業としての経営努力がうながされ、経営の効率化をはかることができる。

3　料金と費用負担調整

　地方公営企業の料金は、公正妥当なものでなければならず、かつ、能率的な経営のもとにおける適正な原価を基礎とし、地方公営企業の健全な運営を確保することができるものでなければならない。

　地方公営企業の経営は、独立採算制がとられているが、地方公営企業がおこなっている事業のなかには、本来一般行政でおこなうべきところ、政策的配慮から公営企業におこなわせているものや経費の性質上その企業収入だけで賄うのは適当でないようなものがある（例：水道事業における消防用消火栓、病院事業における僻地医療費など）。このような事業の経費については、一般会計やその他特別会計との間で費用負担の調整をおこなうことになっている。

4　公営企業の改革

(1)　民営化の推進

　地方公営企業も、きびしい経営状況にあり、各事業ともその経営全般の総点検をおこなう必要がある。その結果、地方公営企業によるサービ

ス供給が不適切であれば、事業からの撤退または民営に切りかえていくべきである。公営企業形態でサービス供給を継続する場合には、指定管理者制度やＰＦＩなどの民間的経営手法の導入によって、経営の効率化をはかっていかなければならない。

(2) 経営情報の公開

　これまで、地方公営企業の経営情報は、十分に公開されてきたとはいえない。そこで、経営情報をわかりやすい形で、一般市民に公開し、経営の透明性をはかっていく必要がある。経営情報については、普通会計との連結財務諸表も作成し、公開することによって自治体全体の財務がわかるようにしなければならない。さらには、監査委員とは別に、地方公営企業の経営状況を監視・評価するための「市民財務委員会」の設置も必要になっている。

VIII 決算と財務統計

VIII 決算と財務統計

1 決算の手続

(1) 決算の調製

　決算は、一会計年度の歳入歳出予算の執行結果をまとめたもので、「一会計年度において実現した政策を金額で表したもの」であるということができる。一般的に、決算とは、「一会計年度の歳入歳出予算の執行実績について作成される確定的な計数表」と定義されているが、これでは予算と同様に政策的意味合いがはっきりしない。

　会計管理者は、毎会計年度、決算を取りまとめて、出納の閉鎖後3か月以内（8月まで）に、証書類などの書類とあわせて、自治体の長に提出する。自治体の長は、これを監査委員の審査に付し、監査委員の意見をつけて、次の通常予算の審議がおこなわれる議会までに議会の認定に付さなければならない。自治体の長は、決算を議会の認定に付するにあたって、当該決算にかかる会計年度における主要な施策の成果を説明する書類、歳入歳出決算事項別明細書、実質収支に関する調書および財産に関する調書をあわせて提出しなければならない。決算の様式および関係書類の様式は、総務省令でさだめる様式を基準としなければならない。なお、財産に関する調書には、公有財産（土地・建物、山林、動産、物権、無体財産権、有価証券、出資による権利および不動産の信託の受益権）、物品（重要なもの）、債権および基金にわけて、それぞれの個別のものについて決算年度末現在高が掲載される。

(2) 決算の認定

　議会は、決算の認定を議決するが、議決手続は、通常、「決算特別委

員会」が設置され、予算の審議・議決手続とほぼ同様におこなわれる。自治体の長の予算執行責任は、議会の認定の議決によって、最終的に解除される。議会が不認定の議決をしても、予算の執行の効力に影響はないが、自治体の長の政治的・道義的責任が問われることになる。

　自治体の長は、認定に関する議会の議決および監査委員の意見を市民に公表し、また、市町村にあっては知事、都道府県にあっては総務大臣に報告しなければならない。

2　決算統計と財政指標

(1)　決算統計

　自治体は、毎年度、一般会計と特別会計の決算にもとづき、全国統一の基準と様式にしたがい、普通会計と地方公営事業会計とに区分した地方財政状況調査票（決算統計）を作成し、総務省に報告している。

　普通会計は、一般会計に特別会計から地方公営事業会計をのぞいた部分をあわせたものである。地方公営事業会計は、水道・下水道・病院などの公営企業、競馬・競輪・競艇などの収益事業（公営競技）、国民健康保険事業、老人保健医療事業、介護保険事業など8つの事業をあわせたものである。

　自治体は条例によって独自に特別会計をもうけることができることから、ある自治体では一般会計で処理している収支を他の自治体では特別会計で処理しているというように、自治体によって両会計の事業の範囲に違いが生じる。そこで、自治体間の比較や時系列の比較ができるように決算統計上の必要から、普通会計と地方公営事業会計に区分し、作成されている。

　この統計調査の集計・分析結果が「地方財政の状況」（「地方財政白書」）として、毎年度、国会に報告されている。この決算統計は、数十

の表からなり、その総括表が「決算カード」と一般的によばれ、各自治体の財務状況を把握できる最も基本的な資料となっている。決算カードに記載されている経常収支比率や実質公債費比率などの各種指標は、自治体経営に不可欠のものである。現在では、総務省のホームページで全自治体の決算カードが公表されているが、自治体は独自に広報に掲載すべきである。

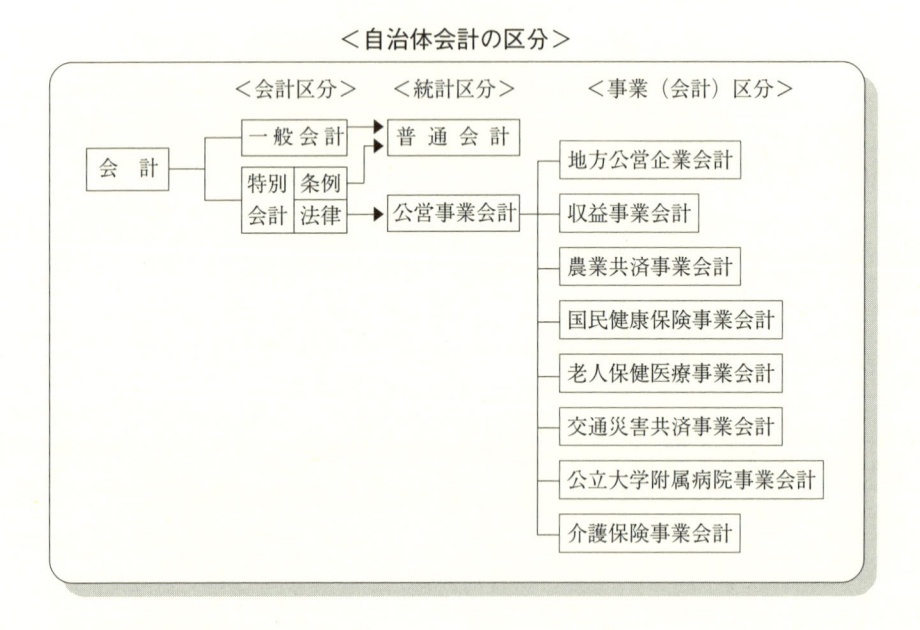

<自治体会計の区分>

```
                    <会計区分>   <統計区分>     <事業（会計）区分>
                  ┌ 一般会計 ──→ 普通会計 ──┬─ 地方公営企業会計
                  │                          │
       会  計 ──┤  特別 ┌条例              ├─ 収益事業会計
                  └ 会計 └法律 ──→ 公営事業会計
                                              ├─ 農業共済事業会計
                                              │
                                              ├─ 国民健康保険事業会計
                                              │
                                              ├─ 老人保健医療事業会計
                                              │
                                              ├─ 交通災害共済事業会計
                                              │
                                              ├─ 公立大学附属病院事業会計
                                              │
                                              └─ 介護保険事業会計
```

(2) 財政指標

　財政指標は、自治体の財政状況を把握・分析するために用いられる割合・値である。なお、将来にわたる財政負担について、マイナス要因である地方債および債務負担行為の状況と、プラス要因である積立金（基金）の状況の両面からみておくことも欠かせない。

　財政指標および将来にわたる財政負担については、市民・議会に毎年公開されなければならない。

① 財政の弾力性
　ア　経常収支比率
　　経常収支比率は、地方税、地方交付税、地方譲与税などのように毎年度経常的に収入される一般財源が、人件費、扶助費、公債費などのように毎年度経常的に支出される経費にあてられた割合である。

　　経常収支比率は、一般的に、70％～80％が適正水準とされ、この水準をこえて、比率がたかまるほど財政構造の弾力性が乏しくなっていることをしめしている。なお、2001年度以降は、恒久的減税に対応するための減税補てん債および地方交付税の振り替え財源として発行される臨時財政対策債を経常一般財源にくわえて経常収支比率を算出しているが、減税補てん債と臨時財政対策債が地方税の代替的な性格をもっているとはいえ地方債に変わりないので、これをふくませていない数値がより実態をあらわしているといえよう。

$$\text{経常収支比率(\%)} = \frac{\text{経常経費充当一般財源の額}}{\text{経常一般財源総額} + \text{減税補てん債の額} + \text{臨時財政対策債の額}} \times 100$$

　イ　公債費の負担
　　公債費は、自治体が発行した地方債の元金・利子および一時借入金の利子の償還に要する経費であり、義務的経費としてとりわけ弾力性に乏しいものである。したがって、その割合が一定程度をこえると、財政構造の硬直化がすすんでいることになる。公債費負担の

度合いを判断する指標には、公債費負担比率や公債費比率などがある。

a 公債費負担比率

公債費負担比率は、公債費にあてられた一般財源が一般財源総額にしめる割合である。公債費の負担が一般財源の使途の自由度をどの程度制約しているかをみることにより、財政構造の弾力性を判断する。この比率がたかいほど、一般財源の使途の自由度が制約され、財政構造の弾力性を欠くことになり、15％が警戒ライン、20％が危険ラインとされている。

$$公債費負担比率(\%) = \frac{公債費に充当された一般財源の額}{一般財源総額} \times 100$$

b 公債費比率

公債費比率は、標準財政規模に対する公債費充当一般財源のしめる割合であり、財政構造の健全化をおびやかさないためには、10％をこさないことがのぞましいとされている。

標準財政規模は、自治体の標準的な状態で通常収入されるであろう経常的一般財源の規模をしめす理論指数で、国が一般財源を全国統一のルールにより、計算した額である。具体的には、標準税収入額などに普通交付税をくわえた額である（標準財政規模＝標準税収入額など＋普通交付税）。したがって、標準財政規模は、自治体の税収によって異なる。決算統計に、当該自治体の標準財政規模がのっている。

② 財政力

　自治体の財政力をしめす指標には、財政力指数がある。財政力指数は、地方交付税法の規定による基準財政収入額（標準的な状態において徴収が見込まれる税収入の一定割合について算出）を基準財政需要額（自治体の合理的かつ妥当な水準における行政の執行・施設の維持のための財政需要として算定）で除して得た数値の過去3年間の平均値である。この指数が「1」をこえた自治体は、財源に余裕があり、そのこえた分だけ、標準的な行政水準を上まわる行政をおこなえることになる。単年度で財政力指数が「1」をこえた自治体は、地方交付税の不交付団体になる。

$$財政力指数 = \frac{基準財政収入額}{基準財政需要額} \quad （3か年平均）$$

③ 健全化判断比率

　従来型財務制度においては、財務情報の公開の不十分さ、早期是正機能の欠如、負債などのストック情報の不備などで批判をうけてきた。夕張市をはじめ財政破綻の急迫をみて、2007年、ようやく「地方公共団体の財政の健全化に関する法律」（地方財政健全化法）が制定され、財務指標の整備・公開、財政の早期健全化および財政の再生についての規定がもうけられた。ただ、この法律の運用にあたっては、地方分権の主旨をふまえ、国の関与は最小限にとどめ、自治体の自主的・主体的な財政健全化の取り組みを基本としなければならない。

　ア　健全化判断比率

　　自治体は、毎年度、実質赤字比率、連結実質赤字比率、実質公債

費比率、将来負担比率および資金不足比率の5つの健全化判断比率を監査委員の審査に付したうえで、議会に報告し、公表しなければならない。

<健全化判断比率の趣旨・基準>

比率名	趣旨	早期健全化基準	財政再生基準
実質赤字比率	普通会計の実質赤字の標準財政規模に対する比率	市町村 →11.25～15％ 道府県→3.75％	市町村→20％ 道府県→5％
連結実質赤字比率	全会計の実質赤字の標準財政規模に対する比率	市町村 →16.25～20％ 道府県→8.75％	市町村→30％ 道府県→15％
実質公債費比率	一般会計等が負担する元利償還金および準元利償還金の標準財政規模に対する比率	市町村・都道府県 →25％	市町村・都道府県 →35％
将来負担比率	公営企業、出資法人などをふくめた普通会計の実質的負債の標準財政規模に対する比率	（実質赤字比率の早期健全化基準に相当） 市町村→350％ 都道府県・政令市→400％	
資金不足比率	公営企業ごとの資金不足額の事業の規模に対する比率	経営健全化基準（早期健全化基準に相当） 20％	

注：市町村の早期健全化基準は、財政規模に応じた比率となる。

イ 財政の早期健全化

　健全化判断比率のうちのいずれかが早期健全化基準以上の場合には、財政健全化計画を議会の議決をへてさだめて公表し、都道府県知事・総務大臣へ報告する。財政健全化計画の実施状況については、毎年度、議会に報告し、公表する。また、都道府県知事・総務大臣は、財政健全化計画の実施状況をふまえ、財政の早期健全化がいちじるしく困難であるとみとめるとき、必要な勧告をすることが

できる。

　なお、健全化判断比率のうちのいずれかが早期健全化基準以上となった場合などには、個別外部監査契約にもとづく監査をもとめなければならない。

ウ　財政の再生

　再生判断比率（実質赤字比率、連結実質赤字比率および実質公債費比率）のいずれかが財政再生基準以上の場合には、議会の議決をへて財政再生計画をさだめて、公表する。財政再生計画をさだめた自治体（財政再生団体）は、毎年度、その実施状況を議会に報告し、公表する。また、自治体は、財政再生計画を総務大臣に協議し、その同意をもとめることができ、同意をえた場合には、総務大臣の許可をうけて、償還年限が財政再生計画の計画期間内である地方債（再生振替特例債）を起こすことができるが、同意をえていない場合には災害復旧事業などをのぞき、地方債を起こすことができない。総務大臣は、財政再生団体の財政運営が計画に適合しないとみとめられる場合などには、予算の変更など必要な措置を勧告できる。

エ　公営企業経営の健全化

　公営企業を経営する自治体は、毎年度、公営企業ごとに資金不足比率を監査委員の審査に付したうえで、議会に報告し、公表する。これが経営健全化基準以上となった場合には、議会の議決をへて経営健全化計画をさだめて、公表し、都道府県知事・総務大臣へ報告する。また、毎年度、その実施状況を議会に報告し、公表する。都道府県知事・総務大臣は、経営健全化計画の実施状況をふまえ、財政の早期健全化がいちじるしく困難であるとみとめるとき、必要な勧告をすることができる。

　なお、資金不足比率が経営健全化基準以上となった場合などには、個別外部監査契約にもとづく監査をもとめなければならない。

3 決算手法の改革

(1) 決算情報の公開

　財務情報については、毎年度、各自治体が作成している「決算カード」を必ず広報紙やホームページなどで公開すべきである。あわせて、決算カードの意義や読み方についてもわかりやすい解説をのせる必要がある。また、前述のように地方財政健全化法により4つの財政健全化判断比率の作成・公表が義務づけられたが、これらの指標をふくめて、財政力指数、経常収支比率、人口1人あたり地方債現在高などの各指標・数値について、他自治体との比較表を作成し、必ず公開すべきである（参考⇒「団体間の比較可能な財政状況の開示について」・総務省自治財政局長通知）。これがなければ、市民は、わが自治体の財務状況の全体を知ることができない。

(2) 財務諸表の作成

　現行の単式簿記・現金主義による官庁会計制度は、ストック情報やコスト情報の欠如などの欠陥をかかえている。その欠陥を補完するために、財務諸表（バランスシート、行政コスト計算書およびキャッシュ・フロー計算書）の作成が不可欠になってきている。ただ、これまでの財務諸表の作成手法は、普通会計決算を作成した後にそのデータを組み替えて作成することから、作成が遅いこと、一部の固定資産の残高を把握できないこと、事業別の財務諸表の作成が容易でないことなどの限界がある。そこで、この限界を克服する手法の開発・導入が必要であり、執行段階から複式簿記・発生主義を導入し、財務諸表を作成することが有効な手段となるため、各自治体が工夫をこらしたい。

(3) 「その他の経費」の分析

　地方財政状況調査（決算統計）では、自治体の経費構造を分析するために、目的別歳出予算を経済的性質別に集計し直し、「義務的経費」（人件費・扶助費・公債費）、「投資的経費」（普通建設事業費・災害復旧費・失業対策費）および「その他の経費」（物件費・維持補修費・補助費等・繰出金・積立金など）に大区分している。かつては、義務的経費と投資的経費の対比が議論の中心であったが、物件費中の委託料、維持補修費、繰出金の増大などから「その他の経費」にも注目しなければならない。この区分自体の組み替えも必要となっているが、自治体独自に性質別分類について実態を把握できるよう工夫することも必要である。

IX　財務の監視・制御

予算の執行や財産の管理・処分に対する監視・制御の仕組みには、行政組織の内部におけるものと行政組織の外部からのものとがある

1　内部制御

(1)　長の指揮監督

　自治体の長は、その補助機関である職員の指揮監督権を有しており、この権限行使の一形態として、訓令・通達を発することができる。この訓令・通達は、原則として法規（市民の権利・義務に関係する法規範）としての性格をもたないので、一般市民を規制するものでないが、行政組織の内部的な規範として、下級機関や所属職員を拘束する。自治体の長は、この指揮監督権を適切に行使し、職員の予算執行や財産の管理・処分などを監視・制御する責任がある。また、副市町村長・副知事は、いわゆるラインとして自治体の長に次ぐ立場から、長を補佐し、内部的に部（局）課組織に配置された職員の担任する事務を監督する責任をもっている。

(2)　会計管理者制度

　自治体には、公金の出納を主とした会計事務の適正な執行を確保するための内部牽制制度として、会計管理者がおかれている。会計管理者は、現金・有価証券・物品の出納・保管、小切手の振り出し、支出負担行為の確認、決算の調製・長への提出などの自治体の会計事務を担当する。また、会計管理者の事務を補助させるために、長の補助機関である職員のうちから長が命じた出納員その他の会計職員がおかれ、会計管理

IX　財務の監視・制御

者や上司の命をうけて現金・物品の出納・保管の事務や会計事務を担当する。会計管理者やその事務を補助する職員などは、故意または重大な過失（現金については故意または過失）によって、その保管する現金、有価証券、物品などを亡失・損傷したときは損害賠償をしなければならない。

(3)　コンプライアンス体制

　自治体職員には、地方公務員法で法令・条例・規則や上司の職務上の命令にしたがう義務、信用失墜行為の禁止などの服務規定がさだめられている。職員が服務規定に違反した場合には、懲戒処分の対象となり、収賄罪などの汚職事件として犯罪になれば刑罰の対象となる。

　自治体職員のコンプライアンス（法令遵守）体制の整備のため、「職員倫理条例」の制定はその有力な手段となりうるが、職員の自覚をうながすものであって、継続的な運用と取り組みによって実効性のあるものとしなければならない。また、公益通報者保護法の運用とともに、独自の条例の制定などにより、違法・不当な行政執行に関する職員の公益通報制度を整備し、公益通報をおこなった職員を保護するとともに、職員の規範意識をたかめ、適法かつ公正な行政運営をはかる取り組みを強化していきたい。

2　外部制御

(1)　市民による制御

　主権者・納税者としての市民は、公金の使途を監視・制御する権利をもっており、その手段に次のようなものがある。

IX 財務の監視・制御

① 事務監査請求

　選挙権を有する者は、その総数の50分の1以上の連署をもって、その代表者から自治体の監査委員に対し、自治体の事務の執行に関する監査の請求をすることができる。監査請求の対象は、自治体の事務一般すなわち自治事務および法定受託事務のすべてである。事務監査請求は、実際におこなわれる事例はすくないが、有権者の直接参政の一手段として意義がみとめられる。

② 住民監査請求

　自治体に住所を有する者は、自治体の執行機関や職員による違法・不当な財務会計上の行為（公金支出・財産管理・契約締結など）や怠る事実（公金の賦課徴収・財産の管理）があるとみとめるとき、監査委員に対し、監査をもとめることができる。これにより、違法・不当な行為の防止・是正や損害の補てんなどの必要な措置を講ずべきことを請求することができる。住民監査請求は、単独でおこなうことができ、予算の執行や財産の管理などを監視・制御する有効な手段である。

③ 住民訴訟

　住民監査請求をおこなった者は、住民監査請求により執行機関や職員の違法な財務会計上の行為や怠る事実を防止・是正することができなかったときは、訴訟を提起できる。これによって違法な財務会計上の行為の防止や怠る事実の是正、損害賠償などを請求することができる。この訴訟は、個人の権利保護のためでなく自治体財務の公正な運営を確保することを目的とするものであり、法律によってみとめられた行政事件訴訟（民衆訴訟）で、納税者訴訟ともいう。住民訴訟は、納税者・市民にとって直接民主主義的な制度として機能している。

(2) 議会による制御

　市民の信託機構としての議会は、その議決権および監視権にもとづき、行政執行を監視・制御する重要な機能をもっている。この機能を十分に発揮するためには、第一に議員みずからの職務遂行を適法・適正ものとすること、第二に執行部門と議会の馴れ合いを排し、両者が緊張関係をもった議会運営をおこなうことである。自治体の議会は、次のような権限の行使によって、予算の執行や財産の管理などを監視・制御する責任をおっている。

① *議決権*

　自治体の議会の中心となる権限は、自治体としての意思決定をおこなうための議決権である。財務に関する議決権には、予算の議決、決算の認定、契約の締結、財産の取得・処分などがある。

② *監視権*

　監視権には、次のようなものがある。
　ア　検閲・検査権
　　　自治体の事務に関する書類・計算書を検閲し、自治体の長・委員会・委員の報告を請求して、事務の管理、議決の執行および出納を検査する（地方自治法98条1項）。検閲・検査は、議会みずからが監視権を行使する方式である。
　イ　監査請求権
　　　監査委員に対し、自治体の事務に関する監査をもとめ、監査の結果に関する報告を請求する（地方自治法98条2項）。
　ウ　調査権（百条調査権）
　　　自治体の事務に関する調査をおこない、選挙人その他の関係人の出頭・証言・記録の提出を請求する。出頭・記録の提出の請求をう

けた選挙人その他の関係人が、正当な理由がないのに、議会に出頭しないとき、記録を提出しないとき、または証言を拒んだときは、6か月以下の禁錮または10万円以下の罰金に処せられる（地方自治法100条）。議会の強力な権限である。

(3) 監査委員の監査

監査委員は、自治体の長から独立した地位がみとめられている独任制の執行機関である。

監査委員は、人格が高潔で、自治体の財務管理・事業の経営管理その他行政運営に関し優れた識見を有する者および議員のうちから選任され、その職務を遂行するにあたっては、常に公正不偏の態度を保持し、監査をしなければならない。そうすると、当該自治体職員出身の監査委員は、公正不偏性に疑問がもたれる。また、議員には、執行部門と独立した議会において議決権や監視権がみとめられていることなどから、法改正によって、除外すべきはないか。

監査委員の監査には、財務事務の執行・自治体の経営事業の管理に関する財務監査、必要とみとめるときにおこなう事務の執行についての行政監査、出納検査、決算審査、財政援助団体・出資団体に対する監査などがある。また、特別監査として、直接請求にもとづく監査、議会の請求にもとづく監査、自治体の長からの要求にもとづく監査、住民監査請求にもとづく監査などがある。監査委員は、次のような観点から監査対象を検証する。

① 法令や予算などにしたがって適法・適正に処理されているか（合法性・合規性）。
② 最少の経費で実施され、ムダな経費をかけていないか（経済性）。
③ 最大の成果やサービスが得られているか（効率性）。
④ 目的に適い、効果をあげているか（有効性）。

(4) 外部監査制度

　外部監査制度は、自治体が外部監査人（弁護士・公認会計士・実務精通者・税理士）と契約を結んで監査をうける仕組みである。外部監査人と契約を結ぶときは、あらかじめ監査委員の意見をきくとともに、議会の議決をへることが必要である。自治体における監査機能を充実・強化するために導入された制度で、自治体と契約を結んだ外部監査人は、監査委員とは別にみずからの判断と責任において監査をおこない、監査報告書を提出する。外部監査制度は、監査委員の監査との重複を避けて、行政組織の内部における制御について点検・評価をおこなって、提言・報告するいわゆるすなわちシステム監査に重点をおくべきであろう。

　外部監査制度には、包括外部監査と個別外部監査の2種類がある。

① 包括外部監査

　包括外部監査は、外部監査人がみずから特定のテーマをきめて監査をおこなうものである。契約期間は、1年で同じ外部監査人との連続しての契約は3年が限度とされている。

　都道府県、指定都市および中核市は、この監査を毎年度実施することが義務づけられているが、それ以外の市町村においても、実施して、監査機能の強化をはかるべきである。監査結果は、外部監査人が議会・長・監査委員・関係委員会に報告し、監査委員が公表する。また、監査結果にもとづいて自治体の長などが措置を講じたときは、監査委員に通知し、監査委員が公表する。

② 個別外部監査

　個別外部監査は、直接請求にもとづく事務監査請求、議会の監査請求、自治体の長からの要求、自治体の長からの財政援助団体等に関する監査の要求または住民監査請求があったときに、その案件について個別

に契約を結んで監査をおこなうものである。住民監査請求の場合は、請求人が必要とみとめるときに、監査委員の監査にかえて個別外部監査をおこなうよう請求することができ、個別外部監査をおこなうかどうかは、監査委員が決定する。

(5) 公正取引委員会の調査・改善措置要求

国・自治体などの職員が関与するいわゆる「官製談合」を防止するため、2002年に議員立法により「入札談合等関与行為の排除及び防止に関する法律」が制定され、翌年から施行されている。同法により、公正取引委員会は、自治体における入札談合等の事件について調査し、その結果、入札談合等関与行為があるとみとめるときは、自治体の長に対して必要な改善措置の要求ができる。改善措置の要求をうけた自治体の長は、必要な調査および改善措置をおこない、調査結果および改善措置の内容を公表するとともに、公正取引委員会に通知しなければならないものとされている。

(6) 司法による制御

裁判所の判決は、法の適用をめぐる解釈・運用について最終決着をはかるものである。自治体は、「住民訴訟」（地方自治法242条の2）などによる自治体財務に関する判例を重視しなければならない。

3 財務制御の必要条件

(1) 財務情報の公開

自治体が保有する情報は、市民に公開することが基本である。市民、議会、長・職員が情報を共有することから市民参加の政策論議がはじまる。自治体は、財務情報について、地方自治法にもとづく予算の要領・

監査結果・決算の要領・財政状況の公表の個別対応だけでなく、財務情報の公開に総合的に取り組んでいかなければならない。税の使途にかかわる財務情報は、納税者である市民にはそれを知る権利がある。財務情報の公開にあたっては、以下の諸点を重視しなければならない。

① 仮に行政当局側にとっては不都合と思われる情報であっても、市民そして職員の前に洗いざらい出していく。財政担当などの一部職員のみぞよく知るという状況であってはならない。

② 法定どおりに情報の公表を定期的におこなうだけでなく、市民に知らせるべき情報であれば、大胆に適時・随時、公表していく。

③ 専門用語や難解で役所内でしか通用しないような言葉や表現でなく、一般市民にわかりやすい言葉・表現にするよう努める。これが実はむずかしいことで、正確を期そうとすると難解になりやすく、わかりやすさを期そうとすると正確さを犠牲にすることにもなりかねない。市民・自治体職員の知恵をしぼりたい。

④ 事業の概要や積算根拠などがわかる予算説明資料を作成して、希望する市民へ配布し、またホームページに掲載する。

⑤ わが自治体の行政水準がわかるように、他の自治体と比較できる原価や財政指標などを作成・公開する。この場合に、類似団体だけでなく、近隣自治体、都道府県平均、全国平均などと比較できるものとする。財政指標については、全財務状況を知るために、第三セクターや外郭団体をふくめた連結指標でなければならない。

(2) 原価計算と事業採算

内部制御の体制整備とともに、制御すべき個別事業について、正確な原価計算をおこなう必要がある。原価計算は、自治体の長・職員が正確なコスト情報を得ることにより、事業の採算管理に活用することができる。自治体の事業は、従来、採算が度外視されやすかったが、限られた

IX 財務の監視・制御

税財源のもとで費用と効果の関係において採算が重視されなければならない。原価計算は、原価にふくまれるコストの範囲や原価の算定方法が統一されたものでなければならないが、原価計算の具体的な方法などについては、企業会計の「原価計算基準」などを参考にして、わかりやすいものにする必要がある。長・自治体職員には原価計算に関する知識・技術も必要とするようになってきているため、財務人材の採用・養成が自治体の急務となっている。

X　自治体財務の再構築

1　長期財務計画と財務室

　予算は、自治体運営の核心となるべき基本構想・基本計画を中心とした自治体計画に連動したものでなければならない。それとともに、財源縮小傾向のもとで、自治体経営を持続可能なものとしていくためには、とくに膨大な地方債残高の返済計画をふくめた長期的な財務計画（10年から15年間）の策定が不可欠である。これには自治体計画にあわせた複数年度予算の考え方も組みこんでいくことも必要になる。

　この財務計画を策定・推進するためには、財政・総務部門から独立した「財務室」を設置し、そこに少数でよいが、専任の職員を配置することが望ましい。既成の単年度予算・決算の発想にとどまる従来型財務職員には限界があることを考えたい。

2　自治体財務法の整備

(1)　現行財務法令の問題性

　自治体財務に関する国法には、地方自治法、地方財政法、地方税法、地方公営企業法などがある。これらの国法は、国の財政制度をさだめる財政法、会計法および「予算決算及び会計令」（予決令）に準じて制定されたものである。まず、地方自治法は、地方自治の基本法とされ、本来、憲法に規定する「地方自治の本旨」にそって、地方自治の理念、自治制度の基本的枠組みないし全国基準についてさだめるべきものである。ところが、地方自治法の財務に関してみると、１章がもうけられ、同法施行令および同法施行規則にも財務に関し細部にわたって規定され

ている。いわゆる「規律密度の高い法令」（自治体に対して事務の義務づけや事務事業の執行方法・執行体制に関する枠づけについて細部にわたり規定している法令）のひとつである。地方財政法は、地方財政の運営や国の財政と地方財政との関係などに関する基本事項をさだめ、地方税法は、自治体の基幹財源である地方税に関する事項を網羅している。また、地方公営企業法は、自治体が経営する企業の財務に関して、特別会計や発生主義にもとづく企業会計原則などについて規定している。

(2) 貧弱な財務条例

自治体財務に関しては、国の法令が広範かつ細部にわたって規定をもうけていることから、自治体法である条例・規則で規定している事項は貧弱なものである。財務に関する条例については、財政状況の公表について条例をさだめることとされている（地方自治法243条の3第1項）ので、全国一律の「財政状況の公表に関する条例」が制定されているにすぎない。また、財務に関する規則については、予算事務規則、会計事務規則、契約事務規則などが制定されているが、その内容はほぼ全国一律のものとなっている。

＜現行の自治体財務法体系＞

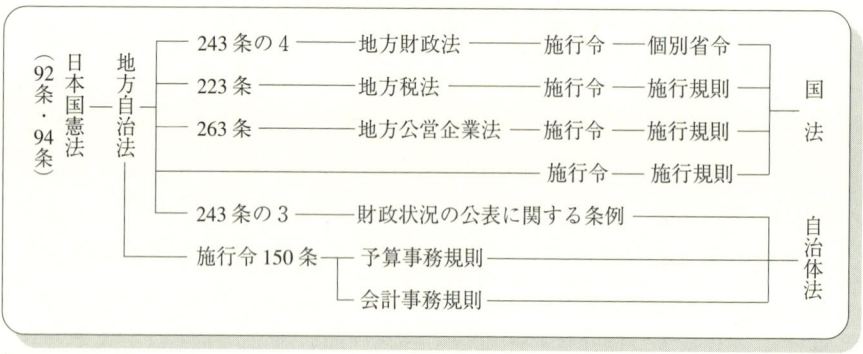

```
                    ┌ 243条の4 ── 地方財政法 ──── 施行令 ── 個別省令 ┐
         ┌ 地方    │ 223条 ───── 地方税法 ───── 施行令 ── 施行規則 │ 国
日本国憲法 │ 自治法  ┤ 263条 ───── 地方公営企業法 ─ 施行令 ── 施行規則 ├ 法
(92条・94条)┤         │                              施行令 ── 施行規則 ┘
         │         └ 243条の3 ── 財政状況の公表に関する条例 ──────┐
         └ 施行令150条 ┬ 予算事務規則                              ├ 自治体法
                      └ 会計事務規則                              ┘
```

(3) 自治体財務法の整備

　自立した自治体財務の確立には、規律密度の緩和をはかる国法の改革が大きな課題である。国法改革には、時間を要するが、一定の展望をもっておきたい。また、自治体は、政策実現の基盤となる財務に関する自治体法の構築を目ざすべきである。

① 国法の改革

　地方自治法は、前述のように「大綱」とはなっていない。そこで、現行の地方自治法にかえて、分権型社会に対応した真に大綱たりうる法として自治の理念・枠組み・全国基準をさだめる「地方自治基本法」の制定が望まれる。その規定事項としては、地方自治の本旨の内容、自治体の政治・行政（自治権）が市民の信託にもとづくものであること、基礎自治体優先の補完性原則、国と自治体の役割分担、税財源の分配などを盛りこむことが考えられる。

　また、自治基本法の制定にあわせて、財務に関する既存法の洗い出し・見直しをおこない、あらたに自治体財務に関する総合的な法律として、規律密度が適正な自治体財務法の制定が望ましい。

② 自治立法

　自治体は、自治立法権を活用して、自立した政府としての自治体法体系を構築し、財務に法的裏づけをもたせることが望まれる。

　第一は、当該自治体の最高法規としての「自治基本条例」の制定である。自治基本条例は、自治体の憲法と位置づけられ、自治体運営の理念・基本原則および政策・制度の基本枠組みをさだめる。この条例には、自治体経営に必要・不可欠な自治体財務に関する規定を欠かすことができない。予算編成原則・予算執行原則や財務情報の公開などは必須事項であり、その他に地方自治法や地方財政法に規定する基本原則も参考にす

べきであろう。

　第二は、自治体財務に関する総合的な条例として自治体財務条例の制定がある。この条例には、現行の財政状況の公表に関する条例や予算・会計事務規則の基本的な規定を盛りこむことになる。予算の編成権および執行権は、自治体の長の権限であり、その権限に属する事務に関しては規則を制定できることになっているが、予算は、その歳入が市民の負担である税を基幹財源とし、その歳出が行政サービスに配分され、市民の権利義務に重要なかかわりをもつ。したがって、義務を課し、または権利を制限する場合には条例によらなければならないとする規定（地方自治法14条2項）の趣旨からも、予算に関する基本的事項の条例化が望ましい。

　　例⇒多治見市健全な財政に関する条例

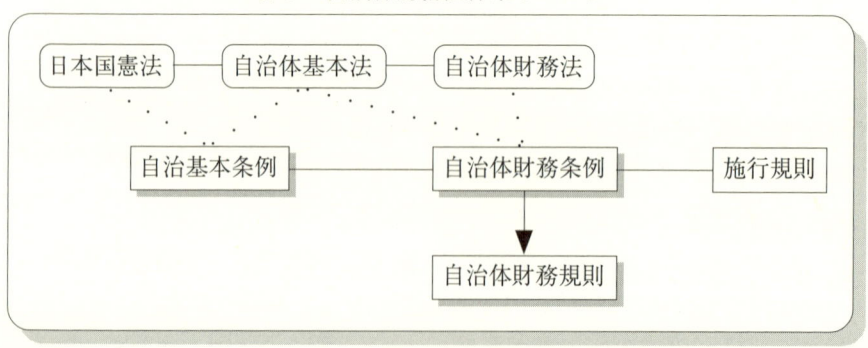

＜新しい自治体財務法体系イメージ＞

索引

あ

維持補修費 … 40、60
依存財源 … 30
委託料 … 59
一時借入金 … 43
一般会計予算 … 22、27
一般競争入札 … 75、76
一般財源 … 30、91、92
一般的拒否権 … 49

か

外郭団体 … 61
会計管理者 … 70、71、88、98
会計年度独立の原則 … 24
外部監査 … 103
款項目節 … 29、30、37
監査委員 … 88、100、102
監査請求権 … 101
基金 … 63、64、65、82
議決権 … 47、101
基準財政収入額 … 32、33、93
基準財政需要額 … 32、33、93
義務的経費 … 39、58、59

給与 … 56、57
行政財産 … 81、82
規律密度の高い法令 … 108
繰越明許費 … 27、28、41
繰出金 … 40、60、61
経常財源 … 30
経常収支比率 … 11、91
継続費 … 27、40、41
契約保証金 … 79
決算カード … 90、96
決算統計 … 89、97
決算の定義 … 88
決算の認定 … 88、89
健全化判断比率 … 93、94
原価計算 … 105、106
公営競技 … 65、89
公会計 … 73
公共課題 … 9、51
公債費 … 38、39、58、91、92
公債費比率 … 92
公債費負担比率 … 11、92
検閲・検査権 … 101
公益通報制度 … 99

111

索引

広域行政組織 … 62
骨格予算 … 23
国庫支出金 … 13、33、34
国庫負担金 … 33
国庫補助金 … 33
個別外部監査 … 103、104
コンプライアンス … 99

さ

再議 … 49、50
歳計現金 … 43、70
財政健全化計画 … 94
財政健全主義 … 23
財政公開主義 … 23
財政再生計画 … 95
財政室 … 107
財政指標 … 90
財政諸表 … 73、96
財政と財務 … 15、16
再生判断比率 … 95
財政民主主義 … 23
財政力指数 … 93
歳入歳出外現金 … 70
歳入歳出予算 … 25、26、27、29、88
債務負担行為 … 27、28、41
暫定予算 … 23
指揮監督権 … 98

資金不足比率 … 94、95
事業採算 … 105、106
事業別予算書 … 67
自主財源 … 30
支出負担行為 … 71、74
自治基本条例 … 10、109
自治体計画 … 16、17、20、66
自治体財務条例 … 110
市町村税 … 31
実質赤字比率 … 94
実質公債費比率 … 94
指定金融機関 … 69、70
事務監査請求 … 100
指名競争入札 … 75、77
住民監査請求 … 100
住民訴訟 … 100
受益者負担 … 63
将来負担比率 … 94
条例適用企業 … 85
人件費 … 14、39、53
随意契約 … 78
出納整理期間 … 69
スクラップ … 52、53
政策 … 16、17
政策法務 … 20
政府 … 8、9、10
政府政策 … 9

せり売り … 78

総計予算主義の原則 … 24

増分主義 … 18、67

た

第三セクター … 61

単一予算主義の原則 … 24

単年度予算主義 … 23

地方公営企業 … 85

地方交付税 … 13、32、33

地方債 … 12、13、26、28、34、35、42、58

地方財政状況調査 … 89

地方財政白書 … 89

地方譲与税 … 32

地方税 … 13、30、31

長期継続契約 … 78、79

長期財務計画 … 107

調査権 … 101

積立金 … 63、64、65

投資的経費 … 14、39

当初予算 … 22

都区財政調整制度 … 31

特定財源 … 30

特別会計予算 … 22

特別的拒否権 … 50

土地開発公社 … 62

都道府県支出金 … 34

都道府県税 … 31

な

入札保証金 … 76、77

は

非募債主義 … 34

費目間流用禁止の原則 … 25

費用対効果分析 … 52

複数政府信託論 … 10

扶助費 … 14、39、58

普通会計 … 89

普通財産 … 81、83

物件費 … 40、97

包括外部監査 … 103

法適用企業 … 85

法非適用企業 … 85

補完性の原則 … 51

補助金 … 33、34、60

補正予算 … 22

ま

民生費 … 14、38、58

や

予算公開の原則 … 25

索引

予算事前議決の原則 … 24
予算に関する説明書 … 47
予算の査定 … 46
予算の修正議決 … 48
予算の定義 … 16
予算の法的拘束力 … 25、26
予算の法的性格 … 25
予算の様式 … 27
予算の流用 … 27、28、44、72
予算編成方針 … 46
予定価格 … 75
予備費 … 40

ら

落札率 … 18
ラスパイレス指数 … 56、57
臨時財源 … 30
連結財務指標 … 61、62、73
連結実質赤字比率 … 94

わ

枠配分方式 … 67

【著者紹介】

加藤　良重（かとう　よししげ）
1940年山梨県生まれ。1964年明治大学法学部卒業、同年東京・小金井市役所に入職し、教育・総務・人事・企画・納税・高齢福祉の各部門をへて福祉保健部長を最後に2001年3月定年退職。退職直後から2006年3月まで東京都市町村職員研修所特別講師。
現職：法政大学法学部（福祉政策）・現代福祉学部（社会福祉法制・福祉行財政論）、拓殖大学政経学部（地方自治法）、国際基督教大学（地方自治論）の各非常勤講師など
著書：『地方政府と政策法務』（2008年・公人の友社）、『新版自治体福祉政策－計画・法務・財務－』（2007年・公人の友社）、『自治体政策と訴訟法務』（2007年・共編著・学陽書房）、『「政策財務」の考え方』（2006年・公人の友社）、『政策法務と自治体』（1989年・共編著・日本評論社）など

地方自治ジャーナルブックレット No.48
市民・自治体職員のための基本テキスト
政策財務と地方政府

2008年6月30日　初版発行　　　定価（本体1400円＋税）

　　　著　者　　加藤　良重
　　　発行人　　武内　英晴
　　　発行所　　公人の友社
　　　〒112-0002　東京都文京区小石川5－26－8
　　　　TEL 03－3811－5701
　　　　Eメール　koujin@alpha.ocn.ne.jp
　　　　http://www.e-asu.com/koujin/

自治体再構築

松下圭一（法政大学名誉教授）　定価2,800円

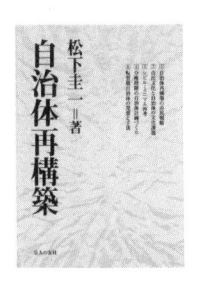

- 官治・集権から自治・分権への転型期にたつ日本は、政治・経済・文化そして軍事の分権化・国際化という今日の普遍課題を解決しないかぎり、閉鎖性をもった中進国状況のまま、財政破綻、さらに「高齢化」「人口減」とあいまって、自治・分権を成熟させる開放型の先進国状況に飛躍できず、衰退していくであろう。
- この転型期における「自治体改革」としての〈自治体再構築〉をめぐる2000年～2004年までの講演ブックレットの総集版。

1　自治体再構築の市民戦略
2　市民文化と自治体の文化戦略
3　シビル・ミニマム再考
4　分権段階の自治体計画づくり
5　転型期自治体の発想と手法

社会教育の終焉 [新版]

松下圭一（法政大学名誉教授）　定価2,625円

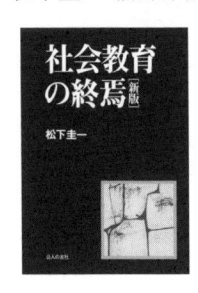

- 86年の出版時に社会教育関係者に厳しい衝撃を与えた幻の名著の復刻・新版。
- 日本の市民には、〈市民自治〉を起点に分権化・国際化をめぐり、政治・行政、経済・財政ついで文化・理論を官治・集権型から自治・分権型への再構築をなしえるか、が今日あらためて問われている。

序章　日本型教育発想
Ⅰ　公民館をどう考えるか
Ⅱ　社会教育行政の位置
Ⅲ　社会教育行政の問題性
Ⅳ　自由な市民文化活動
終章　市民文化の形成　　あとがき　　新版付記

自治・議会基本条例論　自治体運営の先端を拓く

神原　勝（北海学園大学教授・北海道大学名誉教授）　定価2,625円

生ける基本条例で「自律自治体」を創る。その理論と方法を詳細に説き明かす。7年の試行を経て、いま自治基本条例は第2ステージに進化。めざす理想型、総合自治基本条例＝基本条例＋関連条例

プロローグ
Ⅰ　自治の経験と基本条例の展望
Ⅱ　自治基本条例の理論と方法
Ⅲ　議会基本条例の意義と展望
エピローグ
条例集
　1　ニセコ町まちづくり基本条例
　2　多治見市市政基本条例
　3　栗山町議会基本条例

No.46 地方財政健全化法で財政破綻は阻止できるか
夕張・篠山市の財政運営責任を追及する
高寄昇三 1,200円

No.47 地方政府と政策法務
市民・自治体職員のための基本テキスト
加藤良重 1,200円

No.48 政策財務と地方政府
市民・自治体職員のための基本テキスト
加藤良重 1,400円

朝日カルチャーセンター 地方自治講座ブックレット

No.1 自治体経営と政策評価
山本清 1,000円

No.2 ガバメント・ガバナンスと行政評価システム
星野芳昭 1,000円

No.4 政策法務は地方自治の柱づくり
辻山幸宣 1,000円

No.5 政策法務がゆく
北村喜宣 1,000円

政策・法務基礎シリーズ
——東京都市町村職員研修所編

No.1 これだけは知っておきたい 自治立法の基礎
600円 [品切れ]

No.2 これだけは知っておきたい 政策法務の基礎
800円

都市政策フォーラムブックレット
(首都大学東京 都市教養学部 都市政策コース 企画)

No.1 「新しい公共」と新たな支え合いの創造へ——多摩市の挑戦——
首都大学東京・都市政策コース
900円

No.2 景観形成とまちづくり
——「国立市」を事例として——
首都大学東京・都市政策コース
1,000円

シリーズ「生存科学」
(東京農工大学生存科学研究拠点 企画・編集)

No.2 再生可能エネルギーで地域がかがやく
——地産地消型エネルギー技術——
秋澤淳・長坂研・堀尾正靱・小林久
1,100円

No.4 地域の生存と社会的企業
——イギリスと日本との比較をとおして——
柏雅之・白石克孝・重藤さわ子
1,200円

No.5 地域の生存と農業知財
澁澤栄・福井隆・正林真之
1,000円

No.6 風の人・土の人
——地域の生存とNPO——
千賀裕太郎・白石克孝・柏雅之・福井隆・飯島博・曽根原久司・関原剛
1,400円

No.12 市民がになう自治体公務
パートタイム公務員論研究会 1,359円

No.13 行政改革を考える
山梨学院大学行政研究センター 1,166円

No.14 上流文化圏からの挑戦
山梨学院大学行政研究センター 1,166円

No.15 市民自治と直接民主制
高寄昇三 951円

No.16 議会と議員立法
上田章・五十嵐敬喜 1,600円

No.17 分権段階の自治体と政策法務
松下圭一他 1,456円

No.18 地方分権と補助金改革
高寄昇三 1,200円

No.19 分権化時代の広域行政
山梨学院大学行政研究センター 1,200円

No.20 あなたのまちの学級編成と地方分権
田嶋義介 1,200円

No.21 自治体も倒産する
加藤良重 1,000円

No.22 ボランティア活動の進展と自治体の役割
山梨学院大学行政研究センター 1,200円

No.23 新版・2時間で学べる「介護保険」
加藤良重 800円

No.24 男女平等社会の実現と自治体の役割
山梨学院大学行政研究センター 1,200円

No.25 市民がつくる東京の環境・公害条例
市民案をつくる会 1,000円

No.26 東京都の「外形標準課税」はなぜ正当なのか
青木宗明・神田誠司 1,000円

No.27 少子高齢化社会における福祉のあり方
山梨学院大学行政研究センター 1,200円

No.28 財政再建団体
橋本行史 1,000円[品切れ]

No.29 交付税の解体と再編成
高寄昇三 1,000円

No.30 町村議会の活性化
山梨学院大学行政研究センター 1,200円

No.31 地方分権と法定外税
外川伸一 800円

No.32 東京都銀行税判決と課税自主権
高寄昇三 1,000円

No.33 都市型社会と防衛論争
松下圭一 900円

No.34 中心市街地の活性化に向けて
山梨学院大学行政研究センター 1,200円

No.35 自治体企業会計導入の戦略
高寄昇三 1,100円

No.36 行政基本条例の理論と実際
神原勝・佐藤克廣・辻道雅宣 1,100円

No.37 市民文化と自治体文化戦略
松下圭一 800円

No.38 まちづくりの新たな潮流
山梨学院大学行政研究センター 1,200円

No.39 ディスカッション・三重の改革
中村征之・大森彌 1,200円

No.40 政務調査費
宮沢昭夫 1,200円

No.41 市民自治の制度開発の課題
山梨学院大学行政研究センター 1,100円

No.42 《改訂版》自治体破たん・「夕張ショック」の本質
橋本行史 1,200円

No.43 分権改革と政治改革～自分史として
西尾勝 1,200円

No.44 自治体人材育成の着眼点
浦野秀一・井澤壽美子・野田邦弘・西村浩・三関浩司・杉谷知也・坂口正治・田中富雄 1,200円

No.45 障害年金と人権──代替的紛争解決制度と大学・専門集団の役割──
橋本宏子・森田明・湯浅和恵・池原毅和・青木久馬・澤静子・佐々木久美子 1,400円

《平成15年度》

No.92 シビル・ミニマム再考 ベンチマークとマニフェスト
松下圭一 900円

No.93 市町村合併の財政論
高木健二 800円

No.95 市町村行政改革の方向性
〜ガバナンスとNPMのあいだ
佐藤克廣 800円

No.96 創造都市と日本社会の再生
佐々木雅幸 800円

No.97 地方政治の活性化と地域政策
山口二郎 800円

No.98 多治見市の政策策定と政策実行
西寺雅也 800円

No.99 自治体の政策形成力
森啓 700円

《平成16年度》

No.100 自治体再構築の市民戦略
松下圭一 900円

No.101 維持可能な社会と自治
〜「公害」から「地球環境」へ
宮本憲一 900円

No.102 道州制の論点と北海道
佐藤克廣 1,000円

No.103 自治体基本条例の理論と方法
神原勝 1,100円

No.104 働き方で地域を変える
〜フィンランド福祉国家の取り組み
山田眞知子 800円

《平成17年度》

No.107 公共をめぐる攻防
〜市民的公共性を考える
樽見弘紀 600円

No.108 三位一体改革と自治体財政
岡本全勝・山本邦彦・北良治・逢坂誠二・川村喜芳 1,000円

No.109 連合自治の可能性を求めて
サマーセミナーin奈井江
西尾勝 1,200円

No.110 「市町村合併」の次は「道州制」か
高橋彦芳・北良治・脇紀美夫・井上直樹・森啓 1,000円

No.111 コミュニティビジネスと建設帰農
松本懿・佐藤吉彦・橋場利夫・山北博明・飯野政一・神原勝 1,000円

《平成18年度》

No.112 「小さな政府」論とはなにか
牧野富夫 700円

No.113 栗山町発・議会基本条例
橋場利勝・神原勝 1,200円

No.114 北海道の先進事例に学ぶ
宮谷内留雄・安斎保・見野全・佐藤克廣・神原勝 1,000円

No.115 地方分権改革のみちすじ
―自由度の拡大と所掌事務の拡大―
西尾勝 1,200円

地方自治ジャーナルブックレット

No.2 政策課題研究の研修マニュアル
首都圏政策研究・研修研究会 1,359円［品切れ］

No.3 使い捨ての熱帯林
熱帯雨林保護法律家リーグ 971円

No.4 自治体職員世直し志士論
村瀬誠 971円

No.5 行政と企業は文化支援で何ができるか
日本文化行政研究会 1,166円

No.7 パブリックアート入門
竹田直樹 1,166円［品切れ］

No.8 市民的公共と自治
今井照 1,166円

No.9 ボランティアを始める前に
佐野章二 777円

No.10 自治体職員の能力
自治体職員能力研究会 971円

No.11 パブリックアートは幸せか
山岡義典 1,166円

No.46 これからの北海道農業とまちづくり 篠田久雄 800円

No.47 自治の中に自治を求めて 佐藤守 1,000円

No.48 介護保険は何を変えるのか 池田省三 1,100円

No.49 介護保険と広域連合 大西幸雄 1,000円

No.50 自治体職員の政策水準 森啓 1,100円

No.51 分権型社会と条例づくり 篠原一 1,000円

No.52 自治体における政策評価の課題 佐藤克廣 1,000円

No.53 小さな町の議員と自治体 室崎正之 900円

No.54 地方自治を実現するために法が果たすべきこと 木佐茂男 [未刊]

No.55 改正地方自治法とアカウンタビリティ 鈴木庸夫 1,200円

No.56 財政運営と公会計制度 宮脇淳 1,100円

No.57 自治体職員の意識改革を如何にして進めるか 林嘉男 1,000円 [品切れ]

《平成12年度》

No.59 環境自治体とISO 畠山武道 700円

No.60 転型期自治体の発想と手法 松下圭一 900円

No.61 分権の可能性 スコットランドと北海道 山口二郎 600円

No.62 機能重視型政策の分析過程と財務情報 宮脇淳 800円

No.63 自治体の広域連携 佐藤克廣 900円

No.64 分権時代における地域経営 見野全 700円

No.65 町村合併は住民自治の区域の変更である。 森啓 800円

No.66 自治体学のすすめ 田村明 900円

No.67 市民・行政・議会のパートナーシップを目指して 松山哲男 700円

No.69 新地方自治法と自治体の自立 井川博 900円

No.70 分権型社会の地方財政 神野直彦 1,000円

No.71 自然と共生した町づくり 宮崎県・綾町 森山喜代香 700円

No.72 情報共有と自治体改革 ニセコ町からの報告 片山健也 1,000円

《平成13年度》

No.73 地域民主主義の活性化と自治体改革 神原勝 1,100円

No.74 分権は市民への権限委譲 上原公子 1,000円

No.75 今、なぜ合併か 瀬戸亀男 800円

No.76 市町村合併をめぐる状況分析 小西砂千夫 800円

No.78 ポスト公共事業社会と自治体政策 五十嵐敬喜 800円

No.80 自治体人事政策の改革 森啓 800円

《平成14年度》

No.82 地域通貨と地域自治 西部忠 900円

No.83 北海道経済の戦略と戦術 宮脇淳 800円

No.84 地域おこしを考える視点 矢作弘 700円

No.87 北海道行政基本条例論 神原勝 1,100円

No.90 「協働」の思想と体制 森啓 800円

No.91 協働のまちづくり 三鷹市の様々な取組みから 秋元政三 700円

《平成8年度》

No.9 まちづくり・国づくり
五十嵐広三・西尾六七 [品切れ]

No.10 自治体デモクラシーと政策形成
山口二郎 [品切れ]

No.11 自治体理論とは何か
森啓 [品切れ]

No.12 池田サマーセミナーから
間島正秀・福士明・田口晃 [品切れ]

No.13 憲法と地方自治
中村睦男・佐藤克廣 [品切れ]

No.14 まちづくりの現場から
斎藤外一・宮嶋望 [品切れ]

No.15 環境問題と当事者
畠山武道・相内俊一 [品切れ]

No.16 情報化時代とまちづくり
千葉純・笹谷幸一 [品切れ]

No.17 市民自治の制度開発
神原勝 [品切れ]

《平成9年度》

No.18 行政の文化化
森啓 [品切れ]

No.19 政策法学と条例
阿倍泰隆 [品切れ]

No.20 政策法務と自治体
岡田行雄 [品切れ]

No.21 分権時代の自治体経営
北良治・佐藤克廣・大久保尚孝 [品切れ]

No.22 地方分権推進委員会勧告とこれからの地方自治
西尾勝 500円

No.23 産業廃棄物と法
畠山武道 [品切れ]

No.25 自治体の施策原価と事業別予算
小口進一 600円

No.26 地方分権と地方財政
横山純一 [品切れ]

《平成10年度》

No.27 比較してみる地方自治
田口晃・山口二郎 [品切れ]

No.28 議会改革とまちづくり
森啓 400円

No.29 自治の課題とこれから
逢坂誠二 [品切れ]

No.30 内発的発展による地域産業の振興
保母武彦 [品切れ]

No.31 地域の産業をどう育てるか
金井一頼 600円

No.32 金融改革と地方自治体
宮脇淳 600円

No.33 ローカルデモクラシーの統治能力
山口二郎 400円

No.34 政策立案過程への「戦略計画」手法の導入
佐藤克廣 [品切れ]

No.35 98サマーセミナーから「変革の時」の自治を考える
[品切れ]

《平成11年度》

No.36 地方自治のシステム改革
辻山幸宣 [品切れ]

No.37 分権時代の政策法務
礒崎初仁 [品切れ]

No.38 地方分権と法解釈の自治
兼子仁 [品切れ]

No.39 市民的自治思想の基礎
今井弘道 500円

No.40 自治基本条例への展望
辻道雅宣 [品切れ]

No.41 少子高齢社会と自治体の福祉法務
加藤良重 400円

No.42 改革の主体は現場にあり
山田孝夫 900円

No.43 自治と分権の政治学
鳴海正泰 1,100円

No.44 公共政策と住民参加
宮本憲一 1,100円

No.45 農業を基軸としたまちづくり
小林康雄 800円

TAJIMI CITY ブックレット

No.2 転型期の自治体計画づくり
松下圭一 1,000円

No.3 これからの行政活動と財政
西尾勝 1,000円

No.4 構造改革時代の手続的公正と第2次分権改革
鈴木庸夫 1,000円

No.5 手続的公正の心理学から 自治基本条例はなぜ必要か
辻山幸宣 1,000円 [品切れ]

No.6 自治のかたち法務のすがた
天野巡一 1,100円

No.7 政策法務の構造と考え方 自治体再構築における行政組織と職員の将来像
今井照 1,100円

No.8 持続可能な地域社会のデザイン
植田和弘 1,000円

No.9 政策財務の考え方
加藤良重 1,000円

No.10 市場化テストをいかに導入するべきか ～市民と行政
竹下譲 1,000円

No.11 市場と向き合う自治体
小西砂千夫・稲沢克祐 1,000円

地域ガバナンスシステム・自治体研修改革シリーズ
（龍谷大学地域人材・公共政策開発システム オープン・リサーチ・センター企画・編集）

No.1 地域人材を育てる
土山希美枝 900円

No.2 公共政策教育と認証評価システム―日米の現状と課題
坂本勝 編著 1,100円

No.3 暮らしに根ざした心地良いまち
野呂昭彦・逢坂誠二・関原剛・吉本哲郎・白石克孝・堀尾正靫 1,100円

No.4 持続可能な都市自治体づくりのためのガイドブック
「オルボー憲章」「オルボー誓約」翻訳所収
白石克孝・イクレイ日本事務所編 1,100円

No.5 英国における地域戦略パートナーシップの挑戦
白石克孝編・的場信敬監訳 900円

No.6 マーケットと地域をつなぐパートナーシップ
白石克孝編・園田正彦著 1,000円

No.7 政府・地方自治体と市民社会の戦略的連携―英国コンパクトにみる先駆性―協会という連帯のしくみ
的場信敬編著 1,000円

No.8 財政縮小時代の人材戦略―多治見モデル
大矢野修編著 1,400円

No.10 行政学修士教育と人材育成―米中の現状と課題
坂本勝著 1,100円

No.11 アメリカ公共政策大学院の認証評価システムと評価基準―NASPAAのアクレディテーションの検証を通して―
早田幸政 1,200円

北海道自治研ブックレット

No.1 市民・自治体・政治 再論・人間型としての市民
松下圭一 1,200円

地方自治土曜講座ブックレット
《平成7年度》

No.1 現代自治の条件と課題
神原勝 [品切れ]

No.2 自治体の政策研究
森啓 600円

No.3 現代政治と地方分権
山口二郎 [品切れ]

No.4 行政手続と市民参加
畠山武道 [品切れ]

No.5 成熟型社会の地方自治像
間島正秀 [品切れ]

No.6 自治体法務とは何か
木佐茂男 [品切れ]

No.7 自治と参加アメリカの事例から
佐藤克廣 [品切れ]

No.8 政策開発の現場から
小林勝彦・大石和也・川村喜芳 [品切れ]

「官治・集権」から
「自治・分権」へ

市民・自治体職員・研究者のための
自治・分権テキスト

《出版図書目録》

公人の友社

112-0002　東京都文京区小石川 5 − 26 − 8
TEL　03-3811-5701
FAX　03-3811-5795
メールアドレス　koujin@alpha.ocn.ne.jp

●ご注文はお近くの書店へ
　小社の本は店頭にない場合でも、注文すると取り寄せてくれます。
　書店さんに「公人の友社の『○○○○』をとりよせてください」とお申し込み下さい。5日おそくとも10日以内にお手元に届きます。
●直接ご注文の場合は
　電話・FAX・メールでお申し込み下さい。（送料は実費）
　　TEL　03-3811-5701　　FAX　03-3811-5795
　　メールアドレス　koujin@alpha.ocn.ne.jp
　　　　　　　　　　　（価格は、本体表示、消費税別）